EXPOSÉ

DE

DROIT PÉNAL

ET

D'INSTRUCTION CRIMINELLE

Paris. — Typographie HENNUYER ET FILS, rue du Boulevard, 7.

EXPOSÉ

DE

DROIT PÉNAL

ET

D'INSTRUCTION CRIMINELLE

PAR

TH. RICHARD MAISONNEUVE

DOCTEUR EN DROIT,
AVOCAT A LA COUR IMPÉRIALE DE PARIS.

DEUXIÈME ÉDITION

Revue, augmentée, mise en rapport avec les lois nouvelles,

NOTAMMENT

avec les lois de 1863 sur la *récidive* et sur les *flagrants délits*
et la loi de 1865 sur la *mise en liberté provisoire*

ET SUIVIE

D'UN QUESTIONNAIRE GÉNÉRAL.

. . . Prima est hæc ultio quod, se
Judice, nemo nocens absolvitur.
JUVÉNAL, sat. XIII, v. 2 et 3.

**Cet ouvrage comprend toutes les matières exigées
pour le second examen de droit.**

PARIS

AUGUSTE DURAND, LIBRAIRE-ÉDITEUR,
RUE DES GRÈS, 7.

1865

AVERTISSEMENT.

—

Cette seconde édition de notre *Exposé*, conçue au double point de vue de l'enseignement
théorique et de la jurisprudence, embrasse le
tableau complet du droit pénal et de la procédure criminelle. Notre but a été de réduire
la science à ses principes essentiels, de la dé-
gager des détails qui la rendent difficilement
accessible aux esprits peu familiarisés avec les
études juridiques. Sans omettre les parties accessoires d'un intérêt pratique, sans négliger les
applications utiles des règles édictées, nous
nous sommes attaché à faire ressortir l'unité de
l'œuvre législative.

L'analyse est sans doute un puissant procédé
d'investigation pour la solution des questions
douteuses. Elle aide à percevoir les rapports, les
différences, le but des institutions ; elle écarte les

*

objections, elle éclaire, elle convainc. Mais pour se former une idée nette et précise d'une législation, pour l'apprécier dans ses principes, dans ses caractères généraux, il convient d'employer la méthode synthétique. Cette méthode n'exclut pas la discussion des grandes questions controversées; elles figurent dans notre cadre, comme toutes les questions d'examen, et le commentaire des lois nouvelles.

Les esprits laborieux se trouveront ainsi préparés à aborder toutes les difficultés de la science dans les ouvrages des maîtres, dont ce livre est en quelque sorte l'introduction.

TABLE DES MATIÈRES.

CODE PENAL.

LIVRE I.

DES PEINES EN MATIÈRE CRIMINELLE ET CORRECTIONNELLE.

LIVRE II.

DES PERSONNES PUNISSABLES, EXCUSABLES OU RESPONSABLES.

CODE D'INSTRUCTION CRIMINELLE.

LIVRE I.

DE LA POLICE JUDICIAIRE ET DES OFFICIERS DE POLICE QUI L'EXERCENT.

LIVRE II.

DE LA JUSTICE.

TITRE I. — DES TRIBUNAUX DE POLICE.

TITRE II. — DES AFFAIRES QUI DOIVENT ÊTRE SOUMISES
AU JURY

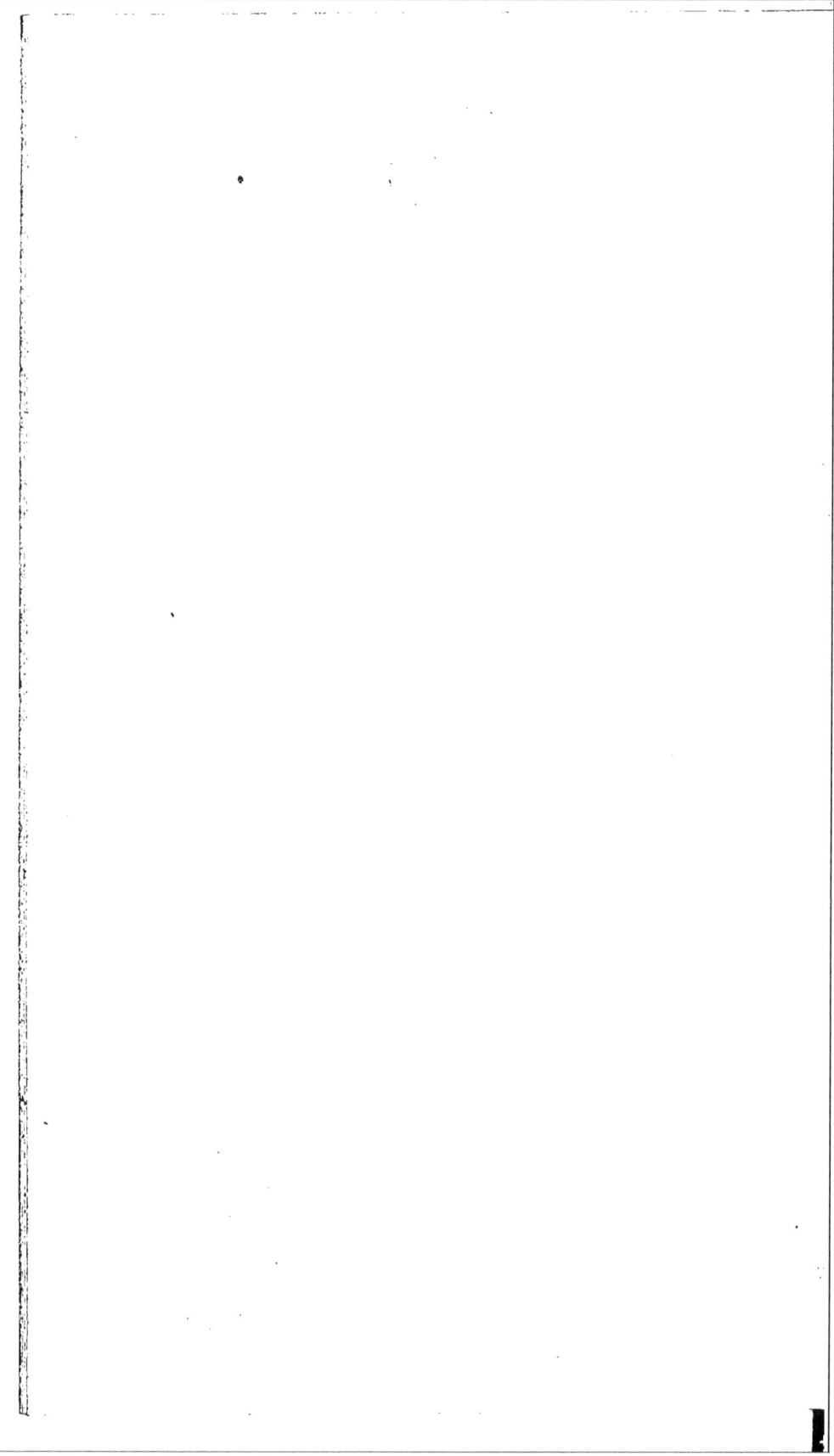

EXPOSÉ

DE

DROIT PÉNAL

ET

D'INSTRUCTION CRIMINELLE

INTRODUCTION

DES ORIGINES DE NOTRE LÉGISLATION PÉNALE.

Le droit pénal est appelé avec raison le *droit sanctionnateur*. Il garantit l'observation des lois civiles, politiques, constitutionnelles, dont la transgression troublerait l'ordre général ; droits publics, droits privés, famille, propriété, liberté individuelle, respect des personnes et des choses dépendent de son autorité. Que la crainte salutaire du châtiment réservé s'efface ou même s'affaiblisse, qu'une indulgence exagérée énerve son influence, et aussitôt la sécurité sociale est compromise, la force prend la place du droit.

1

Sans accepter la désolante théorie de Hobbes [1] et de son école, nous ne pensons pas que les doctrines optimistes puissent jamais servir de base au gouvernement des sociétés humaines. Il faut un frein dont la puissance soit calculée en raison des forces hostiles qu'il est destiné à réprimer. Lorsque les lois ont défini les actes prohibés et ont ainsi limité, dans l'intérêt général, la liberté naturelle, il est nécessaire que cette interdiction soit observée, et c'est la mission confiée au droit pénal.

Outre son importance, il offre un profond intérêt : est-il un indice plus sensible de l'état moral d'une nation que sa législation pénale et la statistique des condamnations criminelles [2] ? Le caractère proportionnel des peines, la fréquence

[1] « C'est donc une chose tout avérée, que l'origine des plus grandes et des plus durables sociétés ne vient point d'une réciproque bienveillance que les hommes se portent, mais d'une crainte mutuelle qu'ils ont les uns des autres. »

« ... L'état naturel des hommes, avant qu'ils eussent formé des sociétés, était une guerre perpétuelle, et non-seulement cela, mais une guerre de tous contre tous. » (Œuvres philosophiques et politiques de Thomas Hobbes, t. I, sect. I, ch. I, nos 2, 3, 13 et t. II, ch. I, no 3.)

[2] A consulter le magnifique ouvrage de M. Guerry, membre correspondant de l'Institut, publié (Paris, 1864) sous le titre : *Statistique morale de l'Angleterre comparée avec la statistique morale de la France.*

de certains délits, les règles qui président à la poursuite et à l'instruction, les moyens de con- trôle contre les mesures arbitraires, la sépara- tion des pouvoirs, la définition des attributions, la forme des actes, les institutions protectrices de la défense, sont autant de sujets dignes d'ar- rêter l'attention et d'autoriser la comparaison du présent avec le passé.

Sur quelle base repose la légitimité du droit de punir? Telle est la première question que pro- voque l'étude de ce droit. — A ne consulter que la conscience individuelle, cette légitimité est universellement reconnue; mais la même una- nimité ne se rencontre pas dans les théories scientifiques qui se proposent d'en déterminer les fondements.

Dans les premiers âges des peuples, la peine est inspirée par l'idée de vengeance, vindicte pri- vée et domestique, réparation du dommage, soit à prix d'argent, soit par le servage.

Plus tard, la notion plus élevée de la solida- rité des intérêts transforme le délit privé en dommage public; c'est la société tout entière qui demande réparation; la peine est encore une vengeance, mais une vengeance publique.

Au dix-huitième siècle, le système erronné du

contrat social, proclamé par les éminents pu-
blicistes de l'époque, Puffendorf, Burlamaqui,
Beccaria, J.-J. Rousseau, Montesquieu, fait du
droit de punir la sanction destinée à·protéger
cet état conventionnel de société.

D'autres l'ont expliqué par la raison de légitime défense, raisonnement spécieux qui tend
à la répression du crime futur et imminent plutôt qu'à celle du crime consommé.

Bentham, dont la philosophie a jeté tant
d'éclat, a combattu tous les systèmes au nom de
l'*utilitarisme* : que la conscience soit ou non
affectée, la moralité de l'acte est indifférente ;
toute peine utile à la société est, par cette unique raison, légitime. L'utilité est le seul fondement du droit pénal.

En contradiction absolue avec cette idée, Kant
considère la peine comme la sanction nécessaire
de la morale pure, indépendamment de l'intérêt
social. Délégation de la justice divine, la justice
humaine doit punir ce que la conscience ré-
prouve. C'est la théorie mystique de l'expiation.

L'eclectisme moderne, acceptant ces deux idées
opposées de Kant et de Bentham, fonde le droit
pénal sur la justice morale limitée par l'utilité
sociale. « Le crime, dit le savant auteur des

Origines du gouvernement représentatif, M. Guizot, est une action en soi et socialement mauvaise. » Cette définition, adoptée par MM. Rossi et Ortolan, est cependant incomplète, en ce qu'elle n'embrasse pas la classe des contraventions et délits indépendants de toute intention immorale et dont l'ordre social exige la répression,

C'est à ce dernier système que se sont arrêtés les rédacteurs de notre Code pénal. L'acte n'est, en général, qualifié délit ou crime qu'autant qu'il présente le double caractère de l'immoralité et du préjudice social. Toutefois, certains actes sont punis comme contraventions ou délits, sur le seul fondement de l'utilité publique.

Arrivons à l'examen historique des différentes phases de la pénalité dans notre ancien droit.

Deux procédures ont été successivement usitées : la première, dite *accusatoire*, jusqu'au quinzième siècle ; la seconde, dite *inquisitoire*, depuis le quinzième siècle jusqu'à l'Assemblée Constituante.

Procédure accusatoire. — Elle est née des législations barbares du cinquième siècle appliquées aux Francs Saliens, Burgondes, Ripuaires, Allemands, Bavarois, Lombards, Wisigoths, Frisons, Saxons, etc., et des Capitulaires de la première et deuxième race de nos rois.

Jusqu'au dixième siècle, le pouvoir judiciaire, attribut de la souveraineté, est exercé par le chef de la nation, avec le concours des hommes libres. Sous la féodalité, il se transforme en propriété privée : assisté des pairs, c'est-à-dire des hommes de la classe de l'accusé, le seigneur rend la justice sur les terres relevant de sa suzeraineté. C'est avec ce caractère de propriété privée que s'exercent, sans distinction, les justices royales, seigneuriales, communales et même ecclésiastiques, car l'évêque en était investi, en tant que chef féodal.

La procédure consiste dans un débat public, sans instruction préalable. L'accusateur, en présence de l'accusé, formule son accusation ; il n'est pas tenu de la prouver ; l'énorme difficulté d'une preuve négative incombe à l'accusé, c'est à lui de justifier de son innocence soupçonnée, et de produire cette justification, soit par le serment dont la sincérité doit être garantie par des *conjuratores*, parents ou amis qui lèvent la main à côté de la sienne, soit par témoins, soit, à défaut du nombre légalement requis de conjurateurs ou de témoins, par le jugement de Dieu qui se manifeste par les épreuves du combat, du fer incandescent, de l'eau bouillante, du sort, de la croix. Le plaideur n'est pas obligé de descendre personnellement en champ clos, il peut se faire représenter par un champion, homme expert dans ces luttes fatales[1].

Les avantages de cette procédure, savoir : la nécessité d'une accusation contradictoire, la publicité des assises, le jugement par les pairs, étaient complétement altérés par l'insuffisance et l'arbitraire des preuves, et par la violation de ce principe d'équité que la présomption d'innocence couvre l'accusé.

Procédure inquisitoire. — Enveloppée dans les liens de la féodalité pour ses possessions territoriales, l'Eglise ne tarda pas à reconnaître le besoin d'une réforme. Plus instruite que les chefs laïques, imbue des préceptes de la législation romaine, exerçant par son ministère et sa science un immense ascendant, elle introduisit une procédure nouvelle dite *inquisitoire*, elle respecta la présomption d'innocence de l'accusé, mit la preuve à la charge de l'accusation, et la fit ressortir des formes multiples d'une instruction

---

[1] Beaumanoir, *Coutume de Beauvoisis*, p. 61. — Du Cange, v° *Advocatus* et v° *Campiones*.

écrite et secrète. Ce système, que nous allons examiner, fut réglementé par les constitutions d'Innocent III, consacré par saint Louis dans ses
Etablissements[1], adopté par toutes les justices
laïques[2], et Laurière n'hésite pas à l'appeler *le
code ancien du droit français*[3].

Nous avons dit que le caractère particulier de
cette procédure résultait des moyens employés
pour obtenir la preuve du crime. Ces moyens se
résumaient dans une instruction préparatoire et
dans une instruction définitive. Les débats publics et les plaidoiries étaient supprimés.

L'instruction préparatoire consistait dans l'information ou enquête par écrit et dans les interrogatoires de l'accusé.

Les *récolements* et les *confrontations* formaient
l'instruction définitive. Le récolement était la
réitération devant le juge de la déposition des
témoins entendus dans l'enquête : l'accusé était
récolé sur ses interrogatoires, comme les témoins
sur les informations.

La confrontation suivait le récolement. Elle
consistait à représenter à l'accusé les témoins à

[1] Liv. I, ch. ii–vii; 73, 148.
[2] Montesquieu, *Esprit des lois*, liv. XXVIII, ch. xxxviii.
[3] *Préface des ordonnances du Louvre*, t. I.

charge pour les mettre en demeure de les reprocher et de se justifier. Procès-verbal était
dressé des dires respectifs.

Après les récolements et confrontations, les
procureurs du roi ou des seigneurs prenaient
communication des pièces et donnaient leurs
conclusions à l'effet d'ordonner, soit l'application immédiate de la peine, soit l'absolution ou
l'acquittement de l'accusé, soit une mesure in-
terlocutoire, telle qu'un plus ample informé, ou
une sentence de torture, ou la preuve des faits
justificatifs. C'est à cette période de l'instruction
qu'étaient produites les conclusions de la partie
civile.

Puis la procédure était soumise aux juges
composant le tribunal ou la cour. Après avoir
entendu le rapport de l'affaire, ils procédaient au
dernier interrogatoire ; l'accusé, mis sur la sel-
lette, produisait ses moyens de défense, et si ces
moyens paraissaient graves et pertinents, la
preuve par témoins pouvait être reçue, comme
aussi la torture ordonnée. Enfin le jugement
définitif était rendu.

Il n'est pas sans intérêt de signaler les abus
de cette procédure. Elle contenait sans contredit
d'heureuses dispositions, telles que l'information

préliminaire destinée à préparer le jugement et à protéger l'accusé contre des préventions arbitraires, et l'institution du ministère public, pour suppléer à la négligence ou à la timidité des parties ; mais ces améliorations étaient compensées par une iniquité profonde, la suppression de la discussion et de la publicité des débats. Depuis les ordonnances de mars 1498 et d'août 1539, le secret s'étendait à l'instruction entière. L'accusé était privé de conseil, à moins d'une autorisation expresse pour communiquer avec un avocat. Alléguait-il des faits de justification ? il devait sur-le-champ désigner ses témoins. Enfin, l'absence de preuves n'entraînait pas toujours la cessation des poursuites, ni l'acquittement ; une ordonnance de plus ample informé le maintenait en état perpétuel d'accusation !

« Ce système, observe avec une haute raison un magistrat éminent dans la science, M. Faustin Hélie, était fatalement amené à des formes rigoureuses. » La conviction des juges, enchaînée par des preuves légales plutôt que par l'impression libre et spontanée de la conscience, avait besoin de se fortifier de l'aveu de l'accusé. Toute la procédure tendait à cette confession ; pour l'obtenir, on employait, comme dernière ressource, la torture.

Un mot sur ce mode de contrainte : L'ordonnance de 1539, art. 163, laissait ce moyen de preuve à la discrétion des juges. Cet abus fut réformé par l'ordonnance de Louis XIV de l'an 1670, qui exigea, pour l'application de la torture, que le corps du délit fût prouvé, que le crime fût de nature à motiver la peine de mort, qu'il y eût déjà une preuve considérable.

On distinguait la *question préparatoire* et la *question préalable*. La première précédait le jugement définitif, elle avait pour but d'arracher l'aveu de l'accusé, à défaut de charges suffisantes, en cas d'accusation capitale. Avait-elle été ordonnée sans réserve de preuves, son effet était de libérer le patient qui l'avait subie sans avouer; mais la question avec réserve de preuves, quoique l'accusé n'eût rien avoué, ne purgeait pas les charges réservées, la condamnation à mort était seule écartée.

La seconde était ordonnée par le jugement de condamnation à mort, pour obliger le condamné à révéler ses complices.

La question tant préparatoire que préalable était ordinaire ou extraordinaire, suivant le degré de douleur que l'on se proposait de produire.

L'équité et l'humanité n'avaient pas attendu l'explosion du dix-huitième siècle pour protester contre une telle législation ; mais c'est à Louis XVI que revient l'honneur d'avoir ordonné l'abolition de la torture (Déclarations du 24 août 1780 et du 1er mai 1788).

Les formalités de la procédure inquisitoire, nécessitant l'étude et la connaissance du droit, amenèrent dans les juridictions une innovation digne d'être signalée. Les seigneurs justiciers, ne pouvant se transformer en jurisconsultes, abandonnèrent leurs siéges aux clercs et autres gens de robe longue, non plus par délégation temporaire, mais à titre de bail ou de vente [1] ; le juge paya une redevance annuelle pour exploiter son office ; la magistrature devint l'objet d'associations commerciales et vénales comme les métiers [2]. La royauté elle-même, quand elle eut

---

[1] Meyer, *Esprit, origine et progrès des institutions judiciaires des principaux pays de l'Europe.*

[2] Raguaud, *Glossaire du droit français,* v° *Prévoté.* — Ordonnance de 1256 insérée dans *les Mémoires de Joinville,* p. 393. — Delamarre, *Traité de la police,* liv. I, tit. VIII, ch. II, p. 120. — Préface de M. Depping en tête du *Livre des Métiers,* d'Etienne Boileau.

triomphé des seigneurs et concentré entre ses mains la puissance judiciaire, ne sut pas en respecter la dignité. La vénalité des charges de judicature devint un moyen de gouvernement, une ressource financière dont on usa largement[1]. L'énormité des abus motiva de nombreuses ordonnances, impuissantes à les réprimer. Le scandale atteignit de telles proportions, qu'il fut mis en scène et ridiculisé[2].

Louis XV, par divers édits de 1771, abolit la vénalité des offices. Rétablie par Louis XVI (édit de novembre 1774), qui, par cette complaisance, chercha vainement à s'attacher les corps judiciaires, elle fut définitivement supprimée par l'Assemblée Nationale (4 août 1789).

La révolution de 1789, en détruisant l'édifice du passé, profita de ses débris. Il y avait à recueillir dans ce naufrage d'utiles épaves et à rassembler les institutions dont l'expérience avait consacré la valeur. Ce fut l'œuvre de la Constituante. — A la procédure accusatoire elle

---

[1] *Revue de l'Aunis*, 15 mars 1864, éditée à la Rochelle. M. Paul Romieux a mis cette vérité en pleine lumière dans un judicieux travail sur les finances de la France au seizième siècle.

[2] *Sottise du monde et l'abus de* 1498, V. *Histoire du théâtre français des frères Parfait*, t. II, p. 208 et t. IX, p. 4.

emprunta le jugement par jurés, la publicité des audiences, la discussion orale, l'appel; — à la procédure inquisitoire, le ministère public, la permanence des juges, l'information préalable et secrète.

Elle créa le jury d'accusation et le jury de jugement (loi du 16-29 sept. 1791). — Les jurés d'accusation, au nombre de huit, sous la présidence d'un directeur, entendaient l'exposé de l'accusation, les témoins et le plaignant[1], examinaient les pièces, délibéraient hors la présence du magistrat, et rendaient un jugement qui libérait l'accusé ou le renvoyait devant le tribunal criminel du département où s'ouvraient les débats publics.

Le Code d'instruction criminelle a modifié l'œuvre de l'Assemblée Constituante. Tout en réservant les garanties de la défense, il s'est inspiré de l'esprit et des règles de l'ordonnance de 1670; c'est à cette source qu'il a puisé le principe du secret de la procédure jusqu'à l'interrogatoire de l'accusé par le président des assises. — Le jury d'accusation, reconnu par l'expérience incapable de bien remplir sa mission, a été sup-

---

[1] La loi du 7 pluviôse an IX supprima l'audition des témoins et du plaignant, et y suppléa par les procès-verbaux d'enquête.

primé, et ses attributions ont été conférées aux
tribunaux d'arrondissement (depuis 1856, aux
juges d'instruction) et aux cours impériales. Au
jury appartient la déclaration de culpabilité ou
de non-culpabilité; au juge, le prononcé de la
peine, ou de l'absolution ou de l'acquittement.

De cette course rapide à travers l'histoire de
notre législation ressort cet enseignement, que
nos impatiences généreuses et nos aspirations
au progrès ne doivent pas méconnaître : c'est
que dans l'ordre des institutions judiciaires,
comme dans toutes les sphères de l'activité humaine, le bien et le mieux ne sont pas, suivant
l'expression de Montaigne, de nature *primesau-
tière*. C'est à l'énergie de l'homme, à sa prudence, à sa persévérance qu'est réservée la gloire
de les conquérir.

Considérés dans leur ensemble, les Codes pénal et d'instruction criminelle sont empreints
d'une profonde sagesse. Est-ce à dire cependant
que l'on doive s'incliner sans réserve devant ces
monuments législatifs? Est-ce à dire que les théories répressives du commencement de ce siècle
répondent exactement aux tendances, aux mœurs
actuelles de la société? Evidemment non. Toute
législation est perfectible comme la civilisation

qu'elle protége et dont elle émane. Déjà là révision de 1832 a profondément atténué la rigueur
de la pénalité; depuis cette époque, la suppression de la peine de mort en matière politique,
la suppression de l'exposition publique, la suppression de la mort civile, la loi de 1863 sur les
flagrants délits, indiquent une marche progressive dans la même voie.

L'esprit de réforme conçoit de nouvelles con-
quêtes. Disons un mot des problèmes qu'il soulève, des solutions qu'il propose.

Dans le Code pénal, il s'agirait de remplacer,
pour les délits correctionnels et pour certains
crimes les moins graves, les peines corporelles
par des peines pécuniaires. L'amende serait l'u-
nité de châtiment. Essentiellement divisible, se
proportionnant à toutes les infractions, s'adap-
tant, à raison d'une parfaite analogie, au délit
le plus fréquent, qui est l'appropriation du bien
d'autrui, morale et rémissible, l'amende justifie
entièrement l'expression de Bentham, elle est la
peine par excellence. Les peines privatives de la
liberté n'offrent pas au même degré ces précieux
caractères. Elles ne sont ni rémissibles, ni pro-
portionnelles, leur effet moral est douteux. Tel
est le système développé par des écrivains au

premier rang desquels nous citerons un magistrat distingué, M. Bonneville de Marsangy[1].

Son application n'est cependant pas exempte
de difficultés sérieuses : la proportionnalité de
l'amende à l'infraction et à la fortune du coupable n'exigerait-elle pas des mesures inquisitoriales ou des appréciations arbitraires? L'a-
mende, si elle est considérable, n'aurait-elle pas
l'effet d'une confiscation enlevant à la peine son
caractère de personnalité ? Ces objections et
d'autres ne sont peut-être pas invincibles. Quoi
qu'il en soit, c'est une pensée féconde et digne
de la sollicitude du législateur.

Dans le Code d'instruction criminelle, il s'agi-
. rait de modifier les bases mêmes de l'édifice, la
prison préventive et le secret de la procédure.

La prison préventive a toujours été considérée, en France, comme une mesure de nécessité.
Elle assure la sécurité publique, la marche ré-

---

[1] ... « Qui n'aperçoit la pensée de haute moralité sociale que
recèle cette application générale et forcée des mulctations pécuniaires? S'il est vrai que, dans un Etat régulier, la vertu, le ta-
lent, le travail honnête doivent être des causes nécessaires d'élé-
vation et de richesse, ne faut-il pas aussi que toujours le vice,
le désordre, l'infraction aux lois, soient des causes inévitables
d'abaissement et de pauvreté? » — *De l'Amélioration de la loi
criminelle*, t. II, p. 296.

gulière de l'instruction, l'exécution des jugements. En matière de crimes punis de peines
afflictives et infamantes, son application, en général, n'est pas contestée. Mais lorsqu'il s'agit
d'un délit correctionnel, pourquoi ne pas lui
substituer la garantie d'un cautionnement gra-
dué sur la gravité de l'inculpation et la fortune
présumée de l'inculpé? L'intérêt pécuniaire ne
sera-t-il pas assez puissant pour empêcher la
fuite du prévenu et pour répondre de l'exécution de la condamnation? Imitons la loi belge
du 18 février 1852, dont l'article 2 porte : « Si
l'inculpé est domicilié et que le fait donne lieu
à un emprisonnement correctionnel, le juge d'instruction *ne peut* décerner mandat de dépôt, à
moins de circonstances graves. » Au contraire,
l'article 114 de notre Code d'instruction criminelle, statuant dans les mêmes circonstances, fait
de la liberté provisoire une faveur laissée à l'appréciation du juge d'instruction. L'article 3 de la
même loi laisse au juge la faculté d'accorder la
liberté provisoire pour certains crimes réputés
moins dangereux, faculté que notre article 113
refuse au juge d'instruction.

Ces idées de réforme ont trouvé accès près du
gouvernement.

Nous devons signaler un singulier contraste dans nos lois criminelles. Le juge d'instruction, en matière de crimes, a la faculté d'accorder la liberté provisoire *sans caution* (art. 94 C. inst. cr. modifié par la loi du ~~14 mai~~ 1855), mais il lui est interdit de l'accorder *sous caution* (art. 113 C. inst. cr.)! L'ordonnance de mainlevée du mandat de dépôt est même, sous un autre rapport, plus favorable au détenu que l'ordonnance de mise en liberté provisoire, puisqu'elle n'est pas susceptible d'opposition. Il serait facile de faire disparaître ce défaut d'harmonie.

En Angleterre, les arrestations sont dix à douze fois plus considérables qu'en France, mais la liberté provisoire y est le droit commun, et le magistrat ne peut la refuser que dans les circonstances exceptionnelles [1]. Le système du cautionnement y jouit d'une telle faveur, qu'il est employé comme moyen préventif de garantie publique contre les gens suspects, de moralité douteuse. Ils sont contraints, sous peine

---

[1] M. Ch. de Franqueville, *Institutions politiques, judiciaires et administratives de l'Angleterre.*

M. Ernest Bertrand, *De la détention préventive en France et en Angleterre.*

d'emprisonnement, de fournir la caution *de pace et legalitate tuenda.*

En France, pareille disposition aurait-elle chance de succès ?

Le secret de l'instruction est une des bases les plus importantes de notre législation criminelle. En Angleterre, la publicité de l'instruction est de principe. Le public, le prévenu, ses amis, son défenseur, assistent à tous les actes auxquels procède le magistrat : enquête, interrogatoires, visites domiciliaires, expertises, etc. La confiance des lois anglaises dans les ressources du pouvoir judiciaire et dans l'invincible puissance de la vérité est une confiance héroïque... Elle ne craint ni les révélations captieuses, ni les scandales du chantage, ni les dangers des plaintes arbitraires, ni les efforts du prévenu qui, averti, sur ses gardes, suivant pas à pas les progrès de la procédure, peut effacer les traces du crime, déjouer les recherches prévues, égarer la justice. Confiance téméraire qui énerve la répression, favorise l'impunité. Le gouvernement de la Grande-Bretagne l'a compris, et, malgré sa répugnance pour les dispositions restrictives, il s'est vu contraint d'édicter la loi du 14 août 1848, qui attribue au juge instructeur le droit d'ordonner le secret de la procédure préparatoire. Le même remède a été introduit en 1849 dans la législation de plusieurs Etats d'Amérique [1].

De cette éclatante dérogation au principe de la publicité, nous devons conclure que la réforme, en empruntant aux législations étrangères, ne doit toucher à la nôtre qu'avec une prudente réserve et en tenant compte des mœurs et des habitudes nationales.

Le projet du Code d'instruction criminelle a été discuté au Conseil d'Etat en 1808, celui du Code pénal de 1808 à 1810. La commission chargée de préparer ces deux projets était composée de MM. Treilhard, président; Albisson, Berlier, Faure, Réal, membres de la section de législation; Muraire, premier président de la cour de cassation, et Merlin, procureur général. — Votés par le Corps législatif, les deux codes n'ont été mis à exécution qu'en 1811.

Depuis cette époque, de nombreuses modifications ont été apportées à notre législation pénale; nous indiquerons les principales :

[1] M. Bertin, *Des réformes de l'instruction criminelle.*
Depuis cette époque, le grand jury, c'est-à-dire le jury d'accusation, dans les Etats de New-York et de la Virginie, instruit et délibère à huis clos, sans entendre l'accusé.

Sous le premier empire. — La loi du 20 avril 1810 sur l'organisation judiciaire.

Sous la restauration de 1830. — La loi du 28 avril 1832 revisant les deux codes et ayant pour conséquences : 1° l'abolition de la mutilation du poing du parricide, de la marque et du carcan ; 2° la modification de l'exposition publique et de la surveillance de la haute police ; 3° la distinction des peines pour crimes politiques et des peines pour crimes non politiques ; 4° l'extension des circonstances atténuantes à toutes les classes d'infraction ; — la loi du 13 mai 1836 sur le mode de vote du jury au scrutin secret.

Sous la constitution du 4 novembre 1848. — Le décret du 26 février 1848 abrogeant la peine de mort en matière politique ; — le décret du 12 avril 1848 supprimant l'exposition publique; — la loi du 7-12 août 1848 appliquant au jury le suffrage universel; — la loi du 13 août 1848 créant les colonies agricoles et pénitentiaires ; — la loi du 8 juin 1850 organisant la peine de la déportation ; — la loi du 1ᵉʳ juin-27 décembre 1850 relative au délit d'usure ; — la loi du 8 décembre 1851 réorganisant la surveillance de la haute police.

Sous le gouvernement impérial du 25 décembre 1852. — La loi du 3-6 juillet 1852 sur la réhabilitation des condamnés; — la loi du 4-9 juin 1853 sur l'organisation du jury; — la loi du 10-15 juin 1853 sur les pourvois en matière criminelle; — la loi du 30 mai 1854 sur la transportation; — la loi du 31 mai 1854 abolissant la mort civile; — la loi du 13 juin 1856 conférant à la cour impériale les appels de police correctionnelle; — la loi du 18 juin 1856 supprimant la chambre du conseil; — la loi du 17 juillet 1856 modifiant plusieurs dispositions du Code d'instruction criminelle; — la loi du 13 mai 1863 sur la récidive et sur autres matières du Code pénal; — la loi du 20 mai 1863 sur les flagrants délits.

Nous nous sommes attaché à reproduire aussi fidèlement que possible les divisions et l'ordre méthodique des matières, tant du Code pénal que du Code d'instruction criminelle.

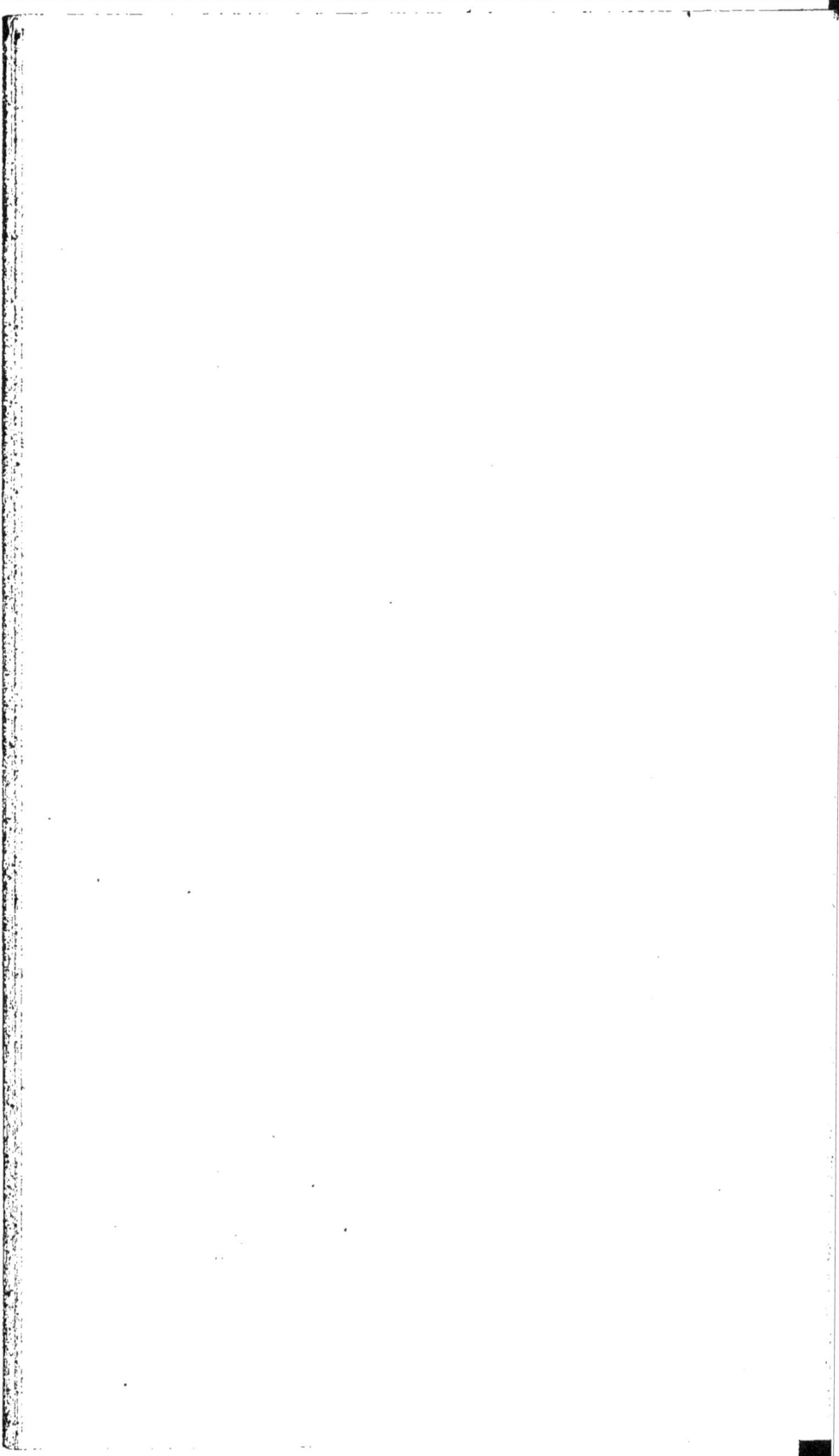

CODE PÉNAL

———●◆◆●———

Le Code pénal a été promulgué en 1810 ; il est devenu exécutoire le 1ᵉʳ janvier 1811, en même temps que le Code d'instruction criminelle. Il a été formé de sept lois et revisé en 1832. Ses quatre livres ont pour objet, le premier, les peines criminelles et correctionnelles ; le deuxième, les personnes punissables, excusables et responsables ; le troisième, chaque espèce de crimes et de délits ; le quatrième, les contraventions.

DISPOSITIONS PRÉLIMINAIRES.

(Articles 1, 2, 3, 4, 5.)

Les faits punissables se divisent en trois classes, contraventions, délits et crimes, en raison de la peine qui les frappe. La peine est-elle de simple police, l'infraction est dite contravention ; — la peine est-elle correctionnelle, l'infraction s'appelle délit ou délit correctionnel (car le terme *délit* est souvent employé pour qualifier d'une manière générale tout fait punissable, à quelque classe qu'il appartienne); — la peine est-elle afflictive et infamante ou infamante seulement, l'infraction prend le nom de crime.

Cette division tripartite, indiquée par le degré de la peine, a été l'objet de critiques qui nous semblent exagérées. On a prétendu qu'elle devrait être fondée non sur la peine, mais sur l'immoralité progressive des infractions. Cette réflexion pourrait être approuvée si la peine n'avait pas été elle-même calculée sur l'immoralité de l'acte, immoralité qui est certainement la base indirecte, sinon directe, de la division. Le système du Code se justifie donc facilement; il offre, en outre, le précieux mérite de déterminer la compétence des tribunaux et d'attribuer au fait poursuivi son vrai caractère d'après la condamnation prononcée.

Nous avons dit que le terme *délit* est employé, *lato sensu*, pour signifier une infraction de toutes classes. Sous cette acception générale, les faits punissables se divisent en :

Délits intentionnels et non intentionnels,

Délits instantanés et délits successifs ou continus,

Délits simples et délits collectifs ou d'habitude,

Délits flagrants et non flagrants,

Délits connexes et non connexes,

Délits politiques et non politiques,

Délits ordinaires et délits spéciaux,

Délits d'action et délits d'omission.

Il convient d'expliquer chacune de ces divisions.

SECTION I. — DIVERSES QUALIFICATIONS DES DÉLITS.

§ I. — *Délits intentionnels et délits non intentionnels.*

Un fait n'est, en général, punissable qu'autant qu'il réunit deux éléments essentiels : l'immoralité, c'est-à-dire l'intention de nuire, et le préjudice social. Cette condition s'applique à presque tous les crimes (exception, art. 309) et à la plupart des délits correctionnels, aussi dit-on vulgairement qu'il n'y a pas de crime sans intention. Toutefois les exigences de la sécurité et de l'ordre public rendent punissables certains faits dépourvus de tout caractère intentionnel :

tels sont quelques délits correctionnels[1] et toute la classe des contraventions de simple police. C'est la véritable application de l'adage : *Nul n'est censé ignorer la loi.*

§ II. — *Délits instantanés et délits successifs.*

On appelle instantané le fait qui est de nature à s'accomplir dans un trait de temps fort court, — et successif celui qui est susceptible de se prolonger pendant un temps indéfini. L'homicide, l'incendie, les coups, blessures, la bigamie, le rapt, etc., sont des délits instantanés, car un moment suffit pour les consommer. Si le doute s'élevait relativement à la bigamie, il suffirait de remarquer que ce délit consiste non dans le fait de la cohabitation illégitime, mais dans le fait de la célébration du mariage par une personne déjà mariée. — Au contraire, la détention d'armes de guerre, la séquestration illégale, la possession de faux poids, la formation de bandes armées, le recel, le vagabondage, etc., sont des délits successifs.

[1] Exemples de délits non intentionnels, art. 319, 192, 193, 194, 237, 249, 254, C. pén.

L'intérêt de cette distinction est relatif au point de départ de la prescription de l'action publique. S'agit-il d'un délit instantané, la prescription court du jour où il a été commis; s'agit-il d'un délit successif, elle ne court qu'à compter de la consommation du dernier acte.

Remarquons qu'une série d'actes illicites du même genre ne constitue pas un délit successif : ainsi la soustraction frauduleuse de la chose d'autrui, renouvelée en des temps distincts et séparés, forme autant de vols réitérés, et chacun est un délit instantané. D'autre part, si la soustraction a été opérée dans un seul et même temps, elle ne forme qu'un seul délit, quel que soit le nombre des objets soustraits.

§ III. — *Délits simples et délits collectifs ou d'habitude.*

Par délit simple, on entend le fait unique et isolé que la loi punit, en opposition au fait qui n'est incriminé qu'autant qu'il s'est reproduit un certain nombre de fois, de manière à créer une habitude, une persévérance vicieuse. La plupart des infractions sont des délits simples, mais on peut citer comme délits d'habitude, l'u-

sure (loi du 19 déc. 1850) ; — l'excitation à la
débauche ou à la corruption de la jeunesse de
l'un ou l'autre sexe au-dessous de vingt et un
ans (art. 334 C. pén.) ; — le fait de fournir logement, lieu de retraite ou de réunion à des
malfaiteurs (art. 61) ; — la mendicité exercée
par un homme valide (art. 275). Il appartient
au juge d'apprécier le nombre de faits nécessaire pour caractériser une habitude.

§ IV. — *Délits flagrants et délits non flagrants.*

Le Code d'instruction criminelle, article 41,
définit le flagrant délit (délit correctionnel ou
crime, Loi du 20 mai 1863), « celui qui se com-
« met actuellement ou qui vient de se commet-
« tre. » — « Sont aussi réputés flagrants délits
« le cas où le prévenu est poursuivi par la cla-
« meur publique et celui où le prévenu est
« trouvé saisi d'effets, armes, instruments ou
« papiers faisant présumer qu'il est auteur ou
« complice, pourvu que ce soit dans un temps
« voisin du délit. »

Les conséquences du flagrant délit sont :

1° De modifier les fonctions du juge d'instruction, en l'autorisant à informer d'office et sans réquisition préalable, et celles du procureur impérial, en lui conférant le droit d'instruire ;

2° D'attribuer à tout officier de police et à toute personne le droit d'arrestation sans mandat (art. 40, 106 Inst. cr.) ;

3° D'autoriser visites domiciliaires et saisies (art. 35, 36, 37 Inst. cr.) ;

4° De soumettre les délits purement correctionnels à une procédure expéditive (loi du 20 mai 1863, voir C. Instr. cr., liv. I, ch. II, sect. II).

Notons que la flagrance du délit commis à l'audience a pour effet de modifier les formes de l'instruction et la compétence des juridictions (art. 504, 507 Instr. cr.).

§ V. — *Délits connexes et délits non connexes.*

La connexité est la jonction de plusieurs délits se rattachant les uns aux autres, soit par l'unité de temps et de lieu, soit par la communauté du but, soit par un rapport de génération.

Le Code définit ce caractère avec une remarquable précision : Art. 227, Instr. cr. «Les délits

« sont connexes, soit lorsqu'ils ont été commis en
« même temps par plusieurs personnes réunies ;
« — soit lorsqu'ils ont été commis par différentes
« personnes, même en différents temps ou divers
« lieux, mais par suite d'un concert formé à l'a-
« vance entre elles ; — soit lorsque les coupables
« ont formé les uns pour se procurer les moyens
« de commettre les autres, pour en faciliter, pour
« en consommer l'exécution, ou pour en as-
« surer l'impunité. »

Cette définition prévoit trois hypothèses : Les
délits sont connexes,

1° Quand ils ont été commis en même temps
par plusieurs personnes réunies, même lorsque
le but n'est pas commun ;

2° Quand ils ont été commis par différentes
personnes, en raison d'un concert antérieur et
en vue d'un but commun ;

3° Quand les uns sont la conséquence ou le
moyen d'exécution des autres.

L'effet principal de la connexité est d'autoriser
la jonction des procédures qui ont été instruites
séparément contre chacun des délits connexes,
pour les concentrer entre les mains d'un seul
magistrat ; — en outre, d'étendre la compétence
des juridictions, de telle sorte, qu'un tribunal

unique juge toutes ces infractions, même celles qui, en raison de leur nature, ou du lieu où elles ont été commises excéderaient ses attributions normales. Ainsi, le juge instructeur et le tribunal correctionnel de tel arrondissement peut instruire et juger le délit commis hors de ce territoire, s'il est connexe à un autre délit de sa compétence territoriale. De même, une cour d'assises devient apte à juger un délit correctionnel connexe à un crime.

Ces attributions exceptionnelles sont utiles à la bonne administration de la justice ; elles favorisent la découverte de la vérité, parce qu'elles éclairent d'une plus vive lumière chacun des faits incriminés, et rendent plus sensibles les éléments de conviction. Les parties, le prévenu et le ministère public peuvent provoquer la jonction des procédures connexes, mais non l'imposer ; cette mesure est pour le tribunal purement facultative.

Il ne faut pas croire que la disposition de l'article 227 du Code d'instruction criminelle soit limitée aux cas expressément prévus. Les tribunaux peuvent ordonner la jonction des causes dont ils sont saisis, toutes les fois qu'elle leur semble nécessaire, en constatant le caractère de connexité. C'est conformément à ce principe que la Cour de cassation a jugé que le crime d'avortement procuré et le crime de violence ayant occasionné la mort, sans intention de la donner, peuvent être considérés comme connexes, s'ils résultent d'un même fait matériel (arrêt, 6 novembre 1840).

§ VI. — *Délits politiques et délits non politiques.*

Les délits politiques sont ceux qui portent atteinte à la constitution et aux institutions politiques du pays. Ils ne révèlent pas, comme les délits ordinaires, la perversité de l'agent. Les lois constitutionnelles ne sont pas immuables comme celles de la conscience; elles sont, au contraire, variables suivant les temps et les lieux. Leur violation ne doit pas être confondue avec les infractions qui ébranlent les fondements de toute société humaine, l'honneur, la vie, la propriété, la famille; mais elle doit être sévèrement réprimée, car il n'en est pas dont les conséquences soient plus graves et plus générales. Cette distinction a donné lieu à deux ordres de peines, les unes applicables aux délits politiques, les autres aux délits de droit commun. La loi du 10 juin 1853 a aboli la peine de mort pour délit politique.

§ VII. — *Délits de droit commun et délits spéciaux.*

Par délits de droit commun, on entend les infractions que condamne la morale de tous les peuples, tant contre les personnes que contre les propriétés.

Le terme *délits spéciaux* comprend les délits de police rurale, des douanes, des contributions indirectes, des eaux et forêts... L'intérêt de cette division repose sur la différence des moyens de constatation des délits. Les premiers ne sont constatés que par l'instruction orale et les débats publics de l'audience; — la preuve des seconds, au contraire, résulte des procès-verbaux des agents préposés à cet effet : le procès-verbal d'un garde champêtre fait foi jusqu'à preuve du contraire; celui d'un garde forestier jusqu'à inscription de faux. Cette différence est fondée sur la difficulté de constater par les moyens ordinaires les délits spéciaux dont la preuve par témoins fait généralement défaut, et dont les traces et indices échappent souvent à toute recherche.

Dans un autre d'ordre d'idées, on entend par délits spéciaux les délits militaires. Cette expression désigne les délits commis par les militaires et personnes attachées à l'armée, soit qu'il s'agisse d'une infraction à la discipline et aux devoirs militaires, soit qu'il s'agisse d'une infraction de droit commun, car le délit prend un caractère particulier en raison de la qualité du prévenu et de la victime. Ces infractions, commises sous les drapeaux, relèvent des conseils de guerre. Toutefois, si parmi les prévenus d'un délit militaire, il s'en trouve un qui ne fasse pas partie de l'armée, tous doivent être traduits devant la juridiction ordinaire, pourvu qu'ils soient compris dans la même poursuite ; car, si le complice non militaire. n'a pu être saisi, ou s'il y a eu à son égard arrêt de non-lieu, ou si la complicité ne se révèle qu'à l'audience, le lien est rompu, et la juridiction exceptionnelle recouvre ses droits.

Par exception, le délit de désertion, quoique connexe à un délit de droit commun, ne peut être distrait de la compétence des conseils de guerre (décret du 5 germinal an XII, art. 22).

§ VIII. — *Délits d'action et délits d'omission.*

Le délit est d'action ou d'omission (*committendo vel omittendo*), suivant que l'on fait ce que la loi défend ou que l'on ne fait pas ce qu'elle ordonne.

En général, la loi pénale est plutôt prohibitive qu'impérative ; empêcher un crime, porter secours à la victime, sont des obligations que la conscience impose, mais qui sont dépourvues de sanction légale.

Le délit d'omission ne figure dans nos lois qu'à titre d'exception : la loi du 10 vendémiaire an IV frappe d'une amende et de dommages-intérêts les habitants qui, en cas de trouble, sédition, attroupement, n'auront pas empêché le préjudice résultant de ces actes de violence.

L'article 475, n° 12 du Code pénal, punit d'une amende « ceux qui, le pouvant, auront refusé ou « négligé de faire les travaux, le service, ou de « prêter le secours dont ils auront été requis, « dans les circonstances d'accident, tumulte, « naufrage, inondation, incendie, ou autres cala- « mités, ainsi que dans le cas de brigandage, « pillage, flagrant délit, clameur publique ou

« d'exécution judiciaire. » — Voyez aussi articles **234, 235, 236** du Code pénal.

SECTION II. — DES CONDITIONS QUI RENDENT LE FAIT PUNISSABLE.

En traitant de la légitimité du droit de punir, nous avons reconnu qu'elle supposait, en général, deux éléments essentiels, l'intention perverse de l'agent et l'intérêt de la société à la répression. En principe, l'acte n'est punissable qu'autant qu'il trouble à la fois l'ordre moral et l'ordre social.

L'agent involontaire ou volontaire, sans intention de nuire, n'est pas responsable. Cette irresponsabilité se présente en deux cas particuliers, la démence et la contrainte.

De la démence. — Les nombreuses altérations de l'intelligence humaine ont été désignées sous les noms d'idiotisme, imbécillité, manie avec ou sans délire. Ne serait-il pas inique de demander compte de ses actes à l'homme qui, privé de l'exercice de ses facultés mentales, est devenu un objet de pitié? Que si, dans la monomanie, l'esprit, extravagant sur certaines idées, reste lucide sur les autres, la justice doit rechercher, avec une grande délicatesse d'appréciation, dans quelle mesure et jusqu'à quel degré commence et disparaît la culpabilité.

Jugerons-nous de la même manière l'amour, la jalousie, la vengeance, toutes les passions dont la violence surexcite, ébranle et pervertit la volonté? Non, parce que la volonté pervertie est consciente de l'acte auquel elle préside; parce que l'agent n'est pas dépourvu de la perception du bien et du mal. Autrement, le vice serait un motif de justification. L'honnête homme doit savoir dominer et diriger ses passions; se maîtriser n'est pas seulement une cause de supériorité et de dignité personnelle, c'est aussi un devoir privé, et, dans certains cas, un devoir social. — Et cependant, il est des cas où l'impassibilité est mise à une telle épreuve, que le fait coupable est excusé par la loi elle-même; c'est l'hypothèse prévue aux articles 321, 324, 325 du Code pénal.

L'ivresse efface-t-elle la responsabilité? Cette question a été diversement résolue dans la doctrine, suivant qu'elle est involontaire ou préméditée. Bornons-nous à dire, dans le silence du Code, que la défense peut l'alléguer comme une cause accidentelle de démence, soit en vue de

l'acquittement, s'il est prouvé que l'ivresse a enlevé l'usage absolu de la raison, soit en vue des
circonstances atténuantes, si l'altération de l'intelligence n'a été qu'incomplète [1].

De la contrainte. — La contrainte est physique
ou morale. La première consiste dans l'emploi de
la force pour amener le corps à une situation
passive; — la seconde dans la crainte inspirée
d'un mal considérable présent ou futur. La loi
ne commande pas l'héroïsme, elle n'exige pas
des hommes la fermeté inébranlable, la constance du stoïcien ; le *vir constantissimus* dépasse
le niveau de l'humanité. Aussi la contrainte légale est-elle une force ou crainte à laquelle il
n'a pas été possible de résister (art. 64), eu égard
au sexe, à l'âge, à la condition des personnes.

La contrainte doit résulter d'une force étrangère à l'agent. Celui qui, sous l'empire de la faim
ou de tout autre besoin impérieux, dérobe la
propriété d'autrui, est sans doute digne de circonstances atténuantes, peut-être même d'un

---

[1] En Angleterre, en Allemagne, en Russie, en Suède, en
Suisse, l'ivresse est punie comme délit.— Blackstone, t. I, p. 22 ;
— (Code criminel d'Autriche, part. II, ch. xiii, § 523); — (Code
pénal prussien, part. I, § 78) ; — (Revue étrangère de législation,
de M. Fœlix, 2° année, t. II, art. 8, p. 90, et art. 36, p. 324).

généreux intérêt, mais l'acte n'en est pas moins une violation de la justice[1].

L'autorité du chef sur ses inférieurs, du commandant sur ses soldats, du père sur son fils, du mari sur sa femme, du maître sur ses domestiques, peut constituer une cause de contrainte légale. Ne doit-on pas présumer la légitimité de l'ordre et l'exacte connaissance de ses devoirs chez celui dont cet ordre émane? Le respect de la discipline et la loi d'obéissance peuvent-ils tolérer la discussion du commandement qui s'impose? Une telle tolérance n'amènerait-elle pas anarchie et confusion? C'est donc au supérieur que remonte la responsabilité, à moins que l'acte ne soit évidemment criminel, qu'il n'ait pas été possible de le croire légitime. Le doute sera toujours la justification de l'agent.

Article 327 : « Il n'y a ni crime, ni délit lors-« que l'homicide, les blessures et les coups étaient « ordonnés par la loi et commandés par l'auto-« rité légitime. »

Est également justifié le mal commis par la nécessité actuelle de la légitime défense de soi-même ou d'autrui (art. 328).

---

[1] Voir le remarquable ouvrage du savant et regrettable professeur M. Oudot, *De la conscience et de la science du devoir.*

La loi comprend dans la nécessité actuelle de défense, les deux cas suivants (art. 329) :

« 1° Si l'homicide a été commis, si les blessures ont été faites, si les coups ont été portés en repoussant *pendant la nuit* (excuse, *pendant le jour*, art. 322) l'escalade ou l'effraction des clôtures, murs ou entrée d'une maison, ou d'un appartement habité ou de leurs dépendances; — 2° Si le fait a eu lieu en se défendant contre les auteurs de vols ou de pillage avec violence. »

SECTION III. — DE LA TENTATIVE.

La pensée coupable, tant qu'elle ne s'est pas manifestée à l'extérieur, échappe nécessairement à toute sanction. Mais du moment qu'elle se révèle par certains faits menaçant la sûreté publique, le doute, les conjectures ne sont plus possibles; le délit existe et il est puni d'après sa valeur intrinsèque, quoique n'ayant, le plus souvent, qu'un caractère préparatoire; tels sont les cas :

1° De menaces écrites ou verbales (art. 305, 306, 307, 436, 223, 224 C. pén.);

2° D'associations de malfaiteurs, du moment qu'elles sont formées (art. 265, 266);

3° De complot ayant pour but les crimes mentionnés aux articles 86 et 87 (art. 89).

En dehors de ces trois exceptions, les actes qui ne sont que la préparation au crime restent impunis, car ils peuvent s'interpréter dans un sens normal, régulier; les incriminer en raison d'un but éventuel et incertain serait faire un procès de tendance, méconnaître les droits de la conscience et du repentir possible, et introduire l'odieux système des préventions arbitraires.

Pour que la loi sévisse, il faut donc que l'exécution ait commencé; peu importe qu'elle ait été ou non achevée.

Cette exécution du délit, lorsque le mal espéré ne s'est pas réalisé, se nomme *attentat* ou *tentative* ou *délit manqué*[1].

Article 2 : « Toute tentative de crime qui aura

[1] Certains criminalistes, entre autres MM. Rossi, F. Hélie, distinguent la tentative du délit manqué, en ce que la tentative supposerait que l'agent a la possibilité de se désister, et qu'il s'est en effet désisté et repenti après un commencement d'exécution, comme l'assassin qui s'arrête après un premier coup de poignard; tandis que le délit manqué supposerait qu'une circonstance purement fortuite a empêché le mal, comme la déviation de l'arme, qui n'implique chez l'agent aucun changement de volonté. — L'article 2 n'autorise pas cette distinction qui, en bien des cas, serait d'une application difficile et périlleuse.

« été manifestée par un commencement d'exécu-
« tion, si elle n'a été suspendue ou si elle n'a
« manqué son effet que par des circonstances in-
« dépendantes de la volonté de son auteur, est
« considérée comme le crime lui-même. »

Deux conditions sont nécessaires pour former
la tentative :

1° Que l'acte exécuté et les moyens employés
aient été susceptibles de produire le résultat.
proposé, c'est-à-dire qu'il y ait eu chance de
réussite...

Autrement, l'acte est un *délit impossible* et
impuni. Or, il y a impossibilité, soit quant à
l'objet, lorsque l'homme que l'on frappe, le
croyant endormi, est déjà mort; soit quant au
moyen, lorsqu'on jette dans un breuvage, les
croyant vénéneuses, des substances inoffensives,
ou qu'on tire sur quelqu'un avec une arme à
feu qu'on ne sait pas être déchargée ;

2° Que les causes de la non-réussite n'aient
pas dépendu de la volonté de l'agent; ainsi
l'arme a éclaté dans les mains du meurtrier, la
balle a rencontré un obstacle invincible...

De la réunion de ces deux conditions résulte
la tentative légale.

La peine de la tentative de crime est la même

que celle du crime consommé (art. 2, 434), sauf quelques rares exceptions (art. 179, 317, 365, 361). Cette rigueur a été désapprouvée; on a pensé qu'il est préférable de tenir compte du mal réalisé pour graduer le châtiment, et pour laisser à l'agent quelques motifs qui puissent le détourner de la consommation de l'acte. Le jury peut sans doute adoucir cette sévérité par l'admission des circonstances atténuantes; mais alors ne devient-il pas en quelque sorte le réformateur de la loi?

Signalons une dérogation remarquable à la règle qui punit la tentative de crime.

La tentative d'avortement pratiquée par une femme enceinte sur elle-même est impunie (art. 317, 2e alinéa); la complicité, à raison de ce fait, l'est donc également, car il n'y a de complicité punissable que quand le fait principal est lui-même qualifié crime ou délit. Que décider, si la tentative d'avortement a été commise par toute autre personne? La même solution est adoptée par presque tous les criminalistes. Elle se justifie par les termes de l'article 317, 1er alinéa : « Quiconque..... aura procuré l'avortement d'une femme enceinte; » et, par ceux du 2e alinéa : « ..... qui aura consenti à faire usage des moyens à elle indiqués ou administrés à cet effet..... » — Mais la jurisprudence de la Cour de cassation s'est prononcée constamment en sens contraire (arrêts des 27 nov., 4 déc. 1856, et 3 mars 1864).

La loi du 10 juin 1853 a fait rentrer dans la classe des tentatives de crime de droit commun l'attentat contre la vie du souverain. L'attentat contre la vie, c'est la tentative de meurtre, d'assassinat, d'empoisonnement, de tout fait qui menace l'existence ; — l'attentat contre la personne, c'est la tentative de blessures, coups, violences graves, sans intention de donner la mort (art. 86, 305).

La tentative de délit correctionnel est généralement impunie (art. 3), parce qu'elle est peu redoutable. Sont exceptées de cette indulgence les tentatives d'évasion de détenus, de vol, de détournement, de larcin et d'escroquerie (art. 245, 241, 388, 400, 401, 405).

Aucune peine ne frappe les tentatives de contraventions.

SECTION IV. — NON-RÉTROACTIVITÉ DES LOIS PÉNALES.

La loi pénale n'a pas d'effet rétroactif (art. 4). Il serait injuste d'infliger au coupable une peine qui n'était pas prononcée lors de l'exécution du délit, et avec laquelle il n'a pas dû compter. Cette règle reçoit exception lorsque la peine, nouvellement édictée, est moins grave que l'ancienne, puisque l'application de celle-ci n'est plus jugée nécessaire (décret du 23 juill. 1810, sur la mise à exécution du Code pénal).

Faut-il introduire une seconde exception, lorsque la loi nouvelle modifie la compétence ou la procédure ? La jurisprudence admet la rétroactivité, en prétendant que les questions de juridiction et d'instruction sont de pure forme, indépendantes du fond du droit, et ne sont pas une garantie que l'accusé aurait le pouvoir de réclamer. — Nous pensons qu'en matière criminelle ces questions sont fondamentales, qu'elles intéressent au même titre la société et l'accusé, qu'elles exercent une sérieuse influence sur l'issue de la poursuite, et que l'accusé a un droit acquis à l'ancienne juridiction.

LIVRE I.

La peine, *pœna, pœnitentia*, signifie affliction et repentir. Si la justice humaine pouvait établir une équation parfaite entre le mal et le châtiment, les peines devraient être afflictives, morales, exemplaires, personnelles, rémissibles, et, vu l'incertitude des jugements humains, réparables. La réunion de ces qualités restera, très-probablement, un des nombreux *desiderata* de la science. Mais, si le but est inaccessible à la loi positive, elle doit tendre à s'en rapprocher.

Le Code divise les peines en trois catégories, correspondantes aux trois classes d'infractions.

CHAPITRE I.

Ces peines sont prononcées par la Cour d'assises. Leur qualification surannée d'afflictives et infamantes, ou infamantes seulement, a été empruntée à l'ancienne jurisprudence.

Art. 7. « Les peines afflictives et infamantes sont : la mort ; — les travaux forcés à perpétuité ; — la déportation dans une enceinte fortifiée (loi du 8 juin 1850) ; — la déportation simple ; — les travaux forcés à temps ; — la détention ; — la reclusion. »

Art. 8. « Les peines infamantes sont : le bannissement ; — la dégradation civique. »

Examinons chacune de ces peines.

1° *Peine de mort.* — L'exécution en est réglée par les articles 12 et 14. — Cette sanction, la plus grave et la plus exemplaire, n'existe plus pour crime politique, depuis la loi du 10 juin 1853. Il nous a paru intéressant d'énumérer les crimes auxquels elle s'applique depuis la revision de 1832. — Elle s'applique :

1° Aux crimes d'assassinat, parricide, infanti-

4

cide, empoisonnement (art. 302), et au meurtre précédé, accompagné ou suivi d'un autre crime (art. 304);

2° A l'attentat contre la vie ou la personne du souverain, et contre la vie des membres de la famille impériale (art. 86);

3° Aux crimes contre la sûreté intérieure et extérieure de l'Etat (art. 91 à 97, et 75 à 77);

4° Au crime d'incendie de lieux habités ou servant à l'habitation (art. 434);

5° Au crime emportant la peine des travaux forcés à perpétuité, commis en état de récidive par un homme déjà condamné à la même peine (art. 56);

6° Au crime de séquestration illégale avec tortures (art. 344).

Il est peu de controverses, dans notre droit pénal, plus graves et plus anciennes que celle relative à la peine de mort.

Les abolitionistes contestent sa légitimité, en disant que la société n'a pas le droit d'enlever la vie, parce que la vie ne vient pas d'elle; — ils contestent son efficacité, parce qu'elle n'arrête pas la progression des crimes, et la repoussent surtout en raison de son caractère irrémissible, en cas d'erreur judiciaire.

Les défenseurs de la peine de mort répondent, quant au reproche d'illégitimité, que si la vie humaine est inviolable, les autres droits naturels le sont au même titre, et, qu'à ce point de vue, la liberté, la faculté d'aller et de venir a droit au même respect : théorie dont la conséquence serait de livrer la société, impuissante et désarmée, aux témérités de chacun. — Quant à l'objection d'inefficacité, ils observent qu'il n'est pas de peine plus exemplaire et plus intimidante ; qu'elle est, d'ailleurs, proportionnée au crime, car elle ne frappe, en général, que l'attentat à la vie ; qu'enfin, l'expérience des peuples l'a consacrée, puisque les jeunes républiques du nouveau monde, aussi bien que les vieux Etats européens, la considèrent comme l'*ultima ratio* de la sécurité [1].

[1] D'après les communications de M. Guerry à l'Académie des sciences morales et politiques, et d'après la statistique criminelle de 1865, le chiffre des condamnations à mort a subi, depuis dix ans, une diminution considérable :

79 en 1854,
61 en 1855,
38 en 1858,
36 en 1859,
26 en 1861,
39 en 1862,
20 en 1865, exécutions 11,
9 en 1864, exécutions 5. (Rapport du ministre de la jus-

Quant au caractère irrémissible de cette peine, ils en atténuent la gravité, en exigeant du juge qui la prononce une certitude absolue, une conviction invincible.

2° *Déportation dans une enceinte fortifiée, hors du territoire continental.* — Cette peine, créée par la loi du 8 juin 1850, remplace la peine de mort en matière politique. Le condamné est transporté sur un territoire déterminé et fortifié pour assurer la garde de sa personne. Il y vit en liberté. — On a choisi, à cet effet, la vallée de Waithau, île de Tahuta, l'une des Marquises. L'énorme distance et les frais de transport et d'entretien rendent cette peine inapplicable. Les études faites sur la Nouvelle-Calédonie semblent la désigner pour cette destination.

tice sur l'administration de la justice en France, en 1865.

Les crimes contre les personnes sont en progression, notamment les attentats à la pudeur, l'excitation à la débauche, l'adultère, l'infanticide et la suppression de part. — Le chiffre des crimes contre les propriétés est resté stationnaire. — On compte, en moyenne, un accusé sur 7,500 habitants. La Corse et le département de la Seine sont en première ligne dans l'échelle de la criminalité.

En 1864 les vols de toute espèce jugés par les cours et tribunaux s'élèvent au chiffre de 50,375. — En Angleterre, ces mêmes faits atteignent le chiffre de 39,025, non compris les vols jugés par la voie exceptionnelle de la *summary conviction*.

3° *Déportation simple.* — C'est la peine des crimes politiques remplaçant celle des travaux forcés à perpétuité. Elle s'applique dans l'île de Nouka-Hiva, l'une des Marquises.

Le condamné n'étant pas enfermé dans une enceinte fortifiée, comme dans le cas précédent, peut s'évader. En prévision de cette évasion, l'article 17 porte :

« Si le déporté rentre sur le territoire de France, il sera, sur la seule preuve de son identité, condamné aux travaux forcés à perpétuité ; — s'il n'est pas rentré sur le territoire français, mais saisi dans les pays occupés par les armées françaises, il sera conduit dans le lieu de sa déportation. »

« Lorsque les communications seront interrompues entre la métropole et le lieu de l'exécution de la peine, l'exécution aura lieu provisoirement en France. »

4° *Travaux forcés à perpétuité et à temps.* — A temps, *de cinq à vingt ans.* En vertu de la loi du 30 mai 1854, cette peine s'exécute hors de France, au moyen de la transportation sur le territoire d'une possession française autre que l'Algérie. La Guyane, une de nos plus vastes colonies, a reçu cette destination. — En cas d'empêchement, les travaux forcés sont subis en France, à Brest et à Toulon. — Les transportés peuvent être employés aux travaux d'utilité publique de la colonie; ils ne sont soumis au boulet et à la chaîne que par mesure disciplinaire ou de sûreté. En récompense de leur bonne conduite, ils obtiennent l'autorisation de travailler à gages pour les habitants, et une concession provisoire de terrain, avec faculté de culture pour leur propre compte. Après leur libération, ils peuvent aspirer à des concessions provisoires ou définitives. — Les femmes peuvent être condamnées à la déportation.

Cette loi du 30 mai 1854 a modifié les articles 70 et 72 du Code pénal. On ne prononce plus les travaux forcés à perpétuité ou à temps contre les individus âgés de soixante ans accomplis au moment du jugement, mais la reclusion à perpétuité ou à temps, suivant la durée de la peine qu'elle doit remplacer.

5° *Détention*. — Cette peine a été créée en 1832, pour remplacer, en matière de crimes politiques, les travaux forcés à temps. — *Minimum cinq ans; maximum vingt ans.*

La détention s'exécute dans une citadelle Belle-Ile-en-Mer), art. 20.

Voici les principales différences qui la distinguent de la reclusion : la détention est une peine de crimes politiques, son *maximum* s'étend jusqu'à vingt années ; le travail, le silence et le défaut de communication avec les parents et amis ne sont pas prescrits comme mesure disciplinaire.

6° *Reclusion.* --- *Minimum cinq ans ; maximum dix ans.*

ART. 21. « Tout individu, de l'un ou de l'autre sexe, condamné à la peine de la reclusion, sera renfermé dans une maison de force et employé à des travaux dont le produit pourra être, en partie, appliqué à son profit, ainsi qu'il sera réglé par le gouvernement. »

Les maisons centrales [1], créées par le décret du 16 juin 1808, au nombre actuel de vingt et une, sont destinées à cette classe de condamnés.

L'ordonnance du 2 avril 1817 divise ces maisons en deux catégories :

Maisons de force, pour les condamnés à la reclusion, — pour les femmes ou filles con-

---

[1] En décembre 1858, les maisons centrales renfermaient 18,500 hommes et 4,800 femmes. Statistique des prisons par M. Louis Perrot.

damnées aux travaux forcés (art. 16, 21) et qui ne seraient pas transportées, — et pour les condamnés âgés de soixante ans (loi du 30 mai 1854, modifiant l'article 71 du Code pénal).

Maisons de correction, pour les condamnés de police correctionnelle à un emprisonnement de plus d'un an.

Ces deux classes de condamnés sont tenues dans des locaux distincts et séparés, puisque les uns sont coupables de crimes, les autres de délits.

La reclusion impose le silence, le travail en commun et l'absence de tout rapport avec les personnes du dehors.

7° *Bannissement.* — *Minimum cinq ans; maximum dix ans.* — Le banni est transporté hors de France et laissé libre à la frontière. Le territoire français lui est interdit.

ART. 33. « Si le banni, avant l'expiration de sa peine, rentre sur le territoire de France, il sera, sur la seule preuve de son identité, condamné à la détention pour un temps au moins égal à celui qui restait à courir jusqu'à l'expiration du bannissement, et qui ne pourra excéder le double de ce temps. »

Depuis l'ordonnance du 2 avril 1817, cette peine est ordinairement convertie en détention.

8° *Dégradation civique.* — *Durée perpétuelle.* —La dégradation civique consiste dans la triple déchéance des droits politiques, de plusieurs droits publics et de certains droits de famille (art. 34).

Elle est tantôt peine principale, tantôt peine accessoire.

Lorsqu'elle est prononcée comme peine principale, celle de l'emprisonnement *peut* ou *doit* être ajoutée, sans dépasser cinq ans. Cette adjonction de l'emprisonnement est facultative pour le juge, quand le coupable est Français; — elle est obligatoire, quand le coupable est un étranger ou un Français ayant perdu cette qualité, car, en cas d'extranéité, la dégradation civique serait une peine illusoire (art. 35, 36).

9° *Interdiction légale.* — C'est la privation de l'exercice des droit civils.

Tout condamné à la peine des travaux forcés à temps, de la détention ou de la réclusion est, de plus, pendant la durée de sa peine, en état d'interdiction légale, il lui est nommé un tuteur et un subrogé tuteur pour gérer et administrer ses biens (art. 29).

L'interdiction légale diffère de l'interdiction judiciaire. Celle-ci est une mesure de protection pour la personne qui se trouve dans un état habituel de démence, imbécillité ou fureur; — l'interdiction légale est une mesure de rigueur destinée à empêcher le condamné, en le privant de la gestion de sa fortune, de se procurer des moyens d'évasion.

L'interdit judiciaire est privé de l'exercice de tous les droits civils, même du droit de reconnaître un enfant naturel, de tester, contracter mariage, quoique ces actes ne puissent être exercés par son tuteur; telle est, du moins, notre opinion sur ce point controversé.

On laisse à l'interdit légal l'exercice de ces susdits actes de reconnaissance, testament, contrat de mariage, parce qu'ils ne peuvent nuire au but proposé et favoriser la corruption de ses gardiens.

Les actes de l'interdit ne sont frappés que d'une nullité relative que lui seul ou son tuteur peut invoquer; — ceux de l'interdit légal sont frappés de nullité absolue et d'ordre public.

Peines remplaçant la mort civile.

La mort civile a été abolie par la loi du 31 mai-3 juin 1854; elle est remplacée, comme conséquence des condamnations à des peines perpétuelles, par 1° la dégradation civique; — 2° l'interdiction légale; — 3° la privation du droit de disposer soit par donation, soit par testament, ou de recevoir à ce titre, si ce n'est pour cause d'aliment; les testaments antérieurement faits sont nuls, et, à la mort du condamné, sa succession est déférée *ab intestat* à ses héritiers légitimes. De ce qu'il ne faut pas étendre les dispositions pénales, il suit que le condamné conserve la capacité de recevoir *ab intestat.*

Publicité des condamnations criminelles.

ART. 36.— « Tous arrêts qui porteront la peine de mort, des travaux forcés à perpétuité et à temps, la déportation, la détention, la reclusion, la dégradation civique et le bannissement, seront imprimés par extrait.

« Ils seront affichés dans la ville centrale du département, dans celle où l'arrêt aura été rendu, dans la commune du lieu où le délit aura été commis, dans celle où se fera l'exécution et dans celle du domicile du condamné. »

Le législateur a compté sur l'effet salutaire de l'humiliation qui résulte de la publicité des condamnations criminelles.

CHAPITRE II.

Ces peines, prononcées par les tribunaux correctionnels, sont :

1° L'emprisonnement *de six jours à cinq ans;*

2° La privation de certains droits civiques et de famille;

3° L'amende *de plus de quinze francs.*

L'emprisonnement correctionnel s'exerce (art. 40, 41), savoir : si la condamnation est de plus d'un an, dans la seconde classe des maisons centrales, dites de correction (un autre effet de la condamnation à plus d'un an de prison est de constituer le condamné, s'il commet un nouveau délit, en état de récidive); — si la condamnation est d'une moindre durée, elle s'exécute dans les prisons départementales.

Ces prisons, établies près les tribunaux d'arrondissement, appartiennent au département qui doit pourvoir à leur réparation et entretien. Les dépenses du service et de la détention depuis 1856 sont à la charge de l'Etat.

L'article 42 règle la déchéance facultative de certains droits :

« Les tribunaux correctionnels pourront, dans certains cas, interdire, en tout ou en partie, l'exercice des droits civiques et de famille suivants : 1° de vote et d'élection ; — 2° d'éligibilité ; — 3° d'être appelé ou nommé aux fonctions de juré ou autres fonctions publiques, ou aux emplois de l'administration, ou d'exercer ces fonctions ou emplois ; — 4° du port d'armes ; — 5° de vote et de suffrage dans les délibérations de famille ; — 6° d'être tuteur, curateur, si ce n'est de ses enfants et sur l'avis seulement de la famille ; — 7° d'être expert ou employé dans les actes comme témoin ; — 8° de témoignage en justice, autrement que pour y faire de simples déclarations. »

Minorité de seize ans.

La loi s'est préoccupée de l'influence de l'âge sur la culpabilité. Elle traite avec indulgence le mineur de seize ans, parce qu'elle présume qu'il n'était pas en état de comprendre l'étendue de l'infraction et la sévérité de la peine encourue.

Est-il accusé d'un crime ? — Elle n'ose le flétrir par l'humiliation de la Cour d'assises, et au-

torise le jugement par les tribunaux correctionnels (art. 68), pourvu que la peine encourue ne
soit pas une peine perpétuelle ou celle de
la détention, et qu'il n'ait pas de complice au-
dessus de cet âge.

Elle veut qu'il soit posé en question et décidé
s'il a agi avec ou sans discernement.

Est-il décidé qu'il a agi *avec discernement?* —
Sa minorité sera néanmoins une excuse atténuante; — en conséquence, s'il a encouru une
peine perpétuelle, il sera condamné de dix à
vingt ans d'emprisonnement dans une maison
de correction; — s'il a encouru les travaux forcés à temps, la détention ou la réclusion, il sera
condamné à être renfermé dans une maison de
correction *pour un temps égal au tiers au moins
et à la moitié au plus* de celui pour lequel il
aurait pu être condamné à l'une de ces peines.

S'il a encouru la peine de la dégradation civique ou du bannissement, il sera condamné à
être renfermé d'un an à cinq ans dans une maison de correction (art. 67).

Dans tous les cas, l'arrêt de la Cour d'assises
ou le jugement correctionnel pourra le mettre
sous la surveillance de la haute police de cinq à
dix ans.

Est-il décidé qu'il a agi *sans discernement?* — Il sera acquitté (art. 68). Mais la société, redoutant le développement des mauvais penchants, essaye de les combattre par l'éducation. L'acquitté sera remis à ses parents, s'ils paraissent offrir des garanties suffisantes de moralité; sinon, il sera conduit dans une maison de correction pour y être élevé et détenu pendant tel nombre d'années que le jugement déterminera, et qui toutefois ne pourra excéder l'époque où il aura accompli sa vingtième année.

La loi du 5-12 août 1850 *sur l'éducation et le patronage des jeunes détenus* a ordonné la création de colonies agricoles pour les garçons, lesquelles se divisent en *pénitentiaires* et *correctionnelles*, — et la création de maisons *pénitentiaires* pour les jeunes filles, qui y sont assujetties à des travaux appropriés à leur sexe.

Il est regrettable, comme on l'a judicieusement observé, que la loi n'ait pas, dans l'exécution de la détention, séparé en deux catégories les mineurs condamnés et les mineurs acquittés, et qu'elle n'ait pas prescrit pour les premiers un régime de rigueur.

CHAPITRE III.

PEINES COMMUNES AUX CRIMES ET AUX DÉLITS.

Ces peines sont au nombre de trois (art. 11) :

1° Le renvoi sous la surveillance de la haute police ;

2° L'amende ;

3° La confiscation spéciale soit du corps du délit, quand la propriété en appartient au condamné, soit des choses produites par le délit, soit de celles qui ont servi ou qui ont été destinées à le commettre.

§ I. — *Renvoi sous la surveillance de la haute police.*

Cette peine consiste dans la privation de la liberté d'aller et de venir, résidence déterminée, interdiction de certains séjours, règlement de l'itinéraire par une feuille de route qui doit être présentée au maire de la commune dans les vingt-quatre heures de l'arrivée.

ART. 45. — « En cas de désobéissance aux dispositions prescrites par l'article 44, l'individu mis sous la surveillance de la haute police sera condamné, par les tribunaux correctionnels, à un

5

emprisonnement qui ne pourra excéder cinq ans. »

La sévérité de ces dispositions a été augmen- tée par le décret des 8-12 décembre 1851, ainsi conçu :

ART. 1. — « Tout individu placé sous la sur- veillance de la haute police, qui sera reconnu coupable de rupture de ban, pourra être trans- porté, par mesure de sûreté générale, dans une colonie pénitentiaire, à Cayenne ou en Algérie. La durée de la transportation sera de cinq ans au moins et de dix ans au plus. »

ART. 2. — « La même mesure sera applicable aux individus reconnus coupables d'avoir fait partie d'une société secrète. »

ART. 3. — « L'effet de la surveillance de la haute police sera, à l'avenir, de donner au gou- vernement le droit de déterminer le lieu dans lequel le condamné devra résider, après qu'il aura subi sa peine. L'administration détermine les formalités propres à constater la présencé continue du condamné dans le lieu de sa rési- dence. »

ART. 4. — « Le séjour de Paris et de sa ban- lieue est interdit à tous les individus placés sous la surveillance de la haute police. »

L'interdiction de certains séjours peut encore être prononcée dans quelques cas particuliers prévus par les articles 229 du Code pénal, 635 instr. criminelle et par la loi des 9-12 juillet 1852.

Ainsi le condamné ne choisit plus sa résidence; elle lui est imposée. Peut-être faut-il regretter cette rigueur, comme formant un obstacle à l'amendement et au reclassement des libérés. D'autre part, ne peut-elle pas se justifier par les résultats de l'expérience, les nécessités de protection sociale et la progression des récidives attestée par la statistique criminelle?

§ II. — *Amendes.*

Cette peine consiste dans l'obligation de payer une certaine somme quelquefois fixe, quelquefois variable d'un *minimum* à un *maximum*, sous l'influence des circonstances atténuantes. — Elle est attribuée soit en partie, soit en totalité, à l'Etat, aux communes, aux établissements publics, ou aux agents qui ont constaté le délit ou en ont procuré la poursuite.

L'amende, étant une peine, ne doit pas être confondue avec les restitutions, dommages-intérêts et frais qui sont des obligations purement civiles, susceptibles de transaction et dont peuvent être tenues des personnes étrangères au délit, mais civilement responsables (art. 1385 C. Nap.). Aussi la poursuite de l'amende s'éteint-elle par le décès du prévenu ; cependant, si la condamnation a été prononcée avant le décès, c'est désormais une dette civile qui grève les biens du condamné, lesquels passent aux héritiers avec cette charge (art. 2093 C. Nap.).

Par exception, en matière de douane, octroi, contribution indirecte, l'amende a un caractère de réparation qui la rapproche des dommages-intérêts et autorise la transaction (art. 52, 53, 54 C. pén.).

Solidarité de l'amende.— ART. 55.— «Tous les individus condamnés pour un même crime ou pour un même délit seront tenus *solidairement* des amendes, des restitutions, des dommages-intérêts et des frais. »

On sait que sous la législation romaine il y avait deux sortes d'actions pénales, les unes d'intérêt public (*quæstiones*), les autres d'intérêt privé (*actiones*), que la victime du délit pouvait exercer cumulativement et indépendamment des actions civiles en réparation du dommage : par exemple, en cas de vol (*furtum*), la personne volée, outre la *rei vindicatio* ou la *condicio*, actions persécutoires de la chose ou de sa valeur, avait l'action pénale *furti*. La loi autorisait l'exercice d'autant d'actions pénales qu'il y avait de codélinquants, de sorte que le payement de la condamnation pécuniaire par l'un ne libérait pas les autres : *Et si cum uno agatur, cœteri non liberantur... cum sit pœna* (fr. 11, § 2, lib. IX, tit. II; Dig. *Ad leg. Aquil.*, et fr. 55, § 1, lib. XXVI, tit. VII).

En France, il y a unité d'obligation entre les codélinquants ; le payement par un seul a donc pour effet de libérer les autres.

Mais celui qui a payé peut-il exercer un recours contre ses complices? Peut-il les faire contribuer pour leur part et portion à la condamnation commune? Il paraîtrait injuste de lui refuser ce droit, car il a payé pour tous et ceux-ci ne doivent pas tirer profit de ce fait accidentel : il pourra donc user de l'action *negotiorum gestorum* ou au moins *de in rem verso*.

Du reste, cette solidarité est imparfaite, car on ne peut reconnaître ni société, ni mandat pour l'exécution d'un délit, *nulla societas maleficiorum* (fr. 1, § 14, lib. XXVII, tit. III, Dig.);

d'où il suit que l'action en payement ou la demande d'intérêts contre l'un des condamnés ne
produira pas interruption de prescription et ne
fera pas courir les intérêts contre les autres.

§ III. — *Confiscation spéciale.*

C'est à la Charte de 1814, dont la disposition
a été confirmée par celle de 1830 et par la Constitution du 14 janvier 1852, que nous devons
la suppression de la confiscation générale des
biens, peine inique qui frappait la famille du
coupable plus que le coupable lui-même, et dérogeait au principe salutaire de la personnalité
des châtiments.

Il ne s'agit plus actuellement que de la confiscation spéciale de certains objets qui appartiennent au condamné, savoir :

1° Les choses produites par le délit, par
exemple les objets achetés avec la fausse monnaie ;

2° Les choses qui ont servi ou qui ont été
destinées à le commettre, par exemple, les coins,
balanciers et autres pièces à l'aide desquelles la
fausse monnaie a été fabriquée;

3° Le corps du délit, par exemple, la fausse monnaie elle-même.

Cette expression, *le corps du délit*, a deux significations : dans l'une, elle comprend l'ensemble des éléments matériels dont le délit est composé, le temps, le lieu, les moyens et les résultats physiques ; — dans l'autre, elle se restreint à certains vestiges matériels les plus importants, tels sont les cartes biseautées, l'objet soustrait, l'acte falsifié... C'est en ce sens qu'est entendu dans l'article 11 le terme *corps du délit*.

Le corps du délit n'est confisqué que s'il appartient au condamné, car, s'il appartient à autrui, il doit être restitué au propriétaire, à moins qu'il ne s'agisse d'instruments prohibés, de denrées nuisibles, de produits contrefaits, etc...

Après cet examen des peines, eu égard à leur division légale, il importe de les présenter sous quelques autres rapports de classification.

DIVISION SCIENTIFIQUE DES PEINES.

1re DIVISION. — *Peines principales et accessoires.*

Par peines principales on entend celles qui sont prononcées expressément par le juge, savoir : la peine de mort, les peines privatives de la liberté, la confiscation et l'amende.

Les peines accessoires sont la conséquence virtuelle de la condamnation, savoir :

L'interdiction légale, accessoire de toutes les peines principales criminelles, sauf le bannissement et la dégradation civique ;

La dégradation civique, accessoire de toutes les peines principales criminelles ;

La surveillance de la haute police, accessoire de toutes les peines principales criminelles (art. 47, 48, 49).

La dégradation civique et la surveillance de la haute police sont tantôt principales, tantôt accessoires; elles doivent donc figurer à ce titre dans les deux classes (art. 111, 114, 119 et 49, 50).

2ᵉ DIVISION.

Peines de droit commun.	Peines politiques.
La mort,	Déportation dans une enceinte fortifiée,
Les travaux forcés à perpétuité,	Déportation simple,
Les travaux forcés à temps,	Détention,
La réclusion,	Bannissement,
La dégradation civique.	Dégradation civique.

3ᵉ DIVISION. — *Peines prescriptibles et peines imprescriptibles.*

Sont prescriptibles toutes celles qui comportent une exécution matérielle : la mort, les peines privatives de la liberté, la confiscation, l'amende.

Sont imprescriptibles toutes celles qui consistent dans une déchéance, une incapacité : l'interdiction légale, la dégradation civique, la surveillance de la haute police, la privation de certains droits civiques et de famille.

DE LA PRESCRIPTION DES PEINES.

(Art. 635-643, C. inst. crim.)

Le droit d'exécution de la peine s'éteint par une prescription libératoire; la raison en est que la nécessité de l'exemple disparaissant avec les souvenirs du crime, la société n'a plus intérêt à une exécution tardive.

Le temps de la prescription de l'exécution de la peine est généralement le double de celui de la prescription de l'action publique, comme l'indique le tableau ci-après :

Prescription de l'action publique.	*Prescription de la peine.*
En matière de crime 10 ans,	20 ans,
— délit 3 ans,	5 ans,
— contravention 1 an.	2 ans.

Par une disposition de faveur, la prescription de la peine commence ·à courir du jour de la date des arrêts ou jugements en dernier ressort ou du jour de l'expiration du délai d'appel, lorsque le jugement en est susceptible.

Cette prescription est interrompue, quand il s'agit d'une peine privative de la liberté, par l'arrestation du condamné ; quand il s'agit d'une peine pécuniaire, par les modes civils déterminés par les articles 2244 et suivants du Code Napoléon.

La prescription pénale même accomplie est d'ordre public, en ce sens que, non-seulement elle doit être opposée d'office, mais que le condamné n'a pas le droit d'y renoncer, puisqu'elle enlève à la peine son caractère d'utilité sociale et, par conséquent, de légitimité.

PEINES DE SIMPLE POLICE.

Un mot sur les peines des contraventions.

Ces peines sont (art. 464 C. pén.) :

1° L'emprisonnement *d'un jour* au moins *à cinq jours* au plus ;

2° L'amende *d'un franc à quinze francs* au plus.

3° La confiscation de certains objets saisis.

Les contraventions se divisent en trois classes, eu égard à l'amende : la première classe de 1 à 5 francs d'amende inclusivement ; — la deuxième classe de 6 à 10 francs inclusivement ; — la troisième classe de 11 à 15 francs inclusivement.

CHAPITRE IV.

La persévérance dans le mal indique une immoralité plus grande, et appelle un châtiment plus sévère ; elle constitue tantôt la réitération, tantôt la récidive.

Réitération. — Il y a réitération ou cumul de délits, lorsque plusieurs délits ont été commis avant toute condamnation. Quelle influence cette situation doit-elle exercer sur la pénalité ? Trois systèmes se trouvent en présence : 1° l'aggravation, 2° le cumul des peines, 3° l'absorption de toutes les peines par la plus forte.

Ce dernier système a prévalu : « La peine la plus forte sera seule prononcée » (art. 365 Inst. crim.).

Cependant le système de l'aggravation reçoit application, lorsque le crime de meurtre a précédé, accompagné ou suivi un autre crime (art. 304).

Quant au *cumul des peines*, il s'applique au *cumul des contraventions*, parce que, en cette matière, il ne pourra jamais s'élever à des proportions exagérées.

C'est ce danger d'exagération que le législateur a voulu éviter lorsqu'il s'agit de crimes ou délits cumulés ; mais il est permis de reconnaître qu'il est tombé dans l'inconvénient inverse, car le système d'absorption a pour résultat de ne frapper, en réalité, qu'une seule des infractions : toutes celles dont la peine est égale ou inférieure se trouvent impunies. Le droit d'infliger le *maximum* de la peine est insuffisant.

Récidive. — C'est la réitération d'un crime ou délit après une première condamnation. — La peine subie n'a pas corrigé, amendé le coupable, elle ne l'a pas détourné d'une nouvelle infraction; à une perversité plus grande, plus menaçante pour la société, il faut opposer une répression plus rigoureuse. La peine de la nouvelle infraction sera donc aggravée.

Le Code pénal ne tient compte de la récidive pour augmenter la peine que dans les cas ci-après :

1° De crime à crime (art. 56);

2° De crime à délit (art. 57);

3° De délit à délit (art. 58), mais seulement lorsque la première condamnation a été d'*un emprisonnement de plus d'un an.* — Dans ce cas, le récidiviste subira sa peine dans une maison *centrale de correction ;* voilà le double intérêt qu'offre la condamnation à plus d'un an de prison.

Peu importe le temps écoulé entre la première condamnation et la nouvelle infraction ; eût-il excédé le temps de la prescription des peines, il y aura récidive, car la prescription de la peine, comme la grâce, empêche l'exécution, mais n'efface pas la condamnation.

La récidive de délit à crime n'est pas une cause d'aggravation de peine, parce que la latitude laissée au juge en matière de grand criminel est assez considérable pour permettre d'élever la peine au niveau de la criminalité de l'acte.

Lorsqu'un fait poursuivi comme crime n'a été puni ou n'est susceptible que de peines correctionnelles, doit-il compter, dans la récidive, comme délit correctionnel? Est-ce à la qualification ou bien au résultat de la poursuite qu'il faut s'attacher? — La loi du 13 mai-1er juin 1863 a clos cette controverse : désormais c'est la nature de la peine infligée qui seule déterminera la nature et la classe de l'infraction.

Ainsi, deux infractions, poursuivies comme crimes, ont été frappées de peines correctionnelles, la première de plus d'un an de prison; ou bien, un délit de plus d'un an de prison est suivi d'un crime puni correctionnellement; dans les deux cas, il y a récidive de délit à délit.

L'ancien article 57 ne portait pas aggravation de peine contre le récidiviste de délit à crime, lors même que la peine de ce crime était correctionnelle. D'après la nouvelle rédaction, l'aggravation sera prononcée si la seconde infraction qualifiée crime est frappée de peines correctionnelles, puisque la transformation du crime en délit constituera la récidive de délit à délit.

Autre observation : un crime puni correctionnellement a été suivi d'un crime passible d'une peine afflictive ou infamante; cette situation forme la récidive de délit à crime, car le caractère de peine correctionnelle assigne à la première infraction la qualification véritable de délit, la peine ne sera donc pas aggravée; la loi, en effet, ne tient pas compte de la récidive de délit à crime pour l'aggravation de la peine. Pour qu'elle en tînt compte, il faudrait rentrer dans l'hypothèse précédente et supposer la transformation du second crime en délit par l'abaissement de la pénalité.

Ces applications de la loi de 1863 ne peuvent être contestées. Il est utile d'insister et de mettre en relief les innovations introduites :

Avant cette loi, il existait entre la rédaction de l'article 56 qui s'attache, pour reconnaître la récidive, à la nature de la peine prononcée, et la rédaction de l'article 57, qui s'attachait à la qualification du premier fait, indépendamment de la peine, une dissonance vraiment regrettable. La nouvelle rédaction de l'article 57 la fait cesser : « Quiconque, ayant été condamné pour un crime *à une peine supérieure à une année d'emprisonnement,* aura commis un délit *ou un crime qui devra n'être puni que de peines correctionnelles,* sera condamné au *maximum* de la peine portée par la loi, et cette peine pourra être élevée jusqu'au double. » En outre, la peine de la surveillance de la haute police est attachée, comme conséquence de la modification introduite, à la récidive prévue par cet article.

Par là est réparée l'omission reprochée à l'ancien article 57, et une similitude complète se trouve établie entre la récidive de *crime à délit* et celle de *délit à délit*, qui fait l'objet de l'article 58.

Ce dernier article a été modifié dans un sens conforme au nouvel article 57; il porte : « Les « coupables, condamnés correctionnellement à « un emprisonnement de plus d'une année, se-« ront aussi, en cas de nouveau délit *ou de crime* « *qui ne devra être puni que de peines correction-* « *nelles...*, etc. »

Ainsi les deux articles 57, 58 prévoient la récidive de *délit à délit*, avec une simple nuance de distinction, à savoir que l'article 57 règle le cas du crime devenu délit par la condamnation, et l'article 58, le cas du fait qualifié délit par la poursuite; la pénalité, dans les deux cas, est la même.

La nouvelle rédaction des articles 57, 58, en vertu de la loi de 1863, donne lieu à de graves difficultés, lorsqu'il s'agit d'un crime qui doit n'être puni que de peines correctionnelles. L'application de ces peines à un fait qualifié crime par la loi se présente dans trois hypothèses : 1° quand le crime est excusable (art. 65 C. pén. et 339 C. inst. crim.); 2° quand une circonstance aggravante a été écartée (art. 386, 401 C. pén.); 3° quand le jury a reconnu des circon-

6

stances atténuantes. C'est dans cette dernière hypothèse que s'élève la controverse relative à l'influence de la récidive sur la peine à prononcer.

Le crime puni de peines correctionnelles, par
l'effet des circonstances atténuantes, est-il soumis
à l'application de l'article 58, tout aussi bien que
le crime puni de peines correctionnelles par l'effet d'une excuse ou le rejet d'une circonstance
aggravante? — Nul doute, à ce sujet, dans la
pensée du législateur de 1863. Il résulte de l'exposé des motifs et du rapport présenté au Corps
législatif que la modification de l'article 58 a
été conçue pour le cas où « le fait poursuivi
« comme crime et passible, par conséquent,
« d'une peine afflictive et infamante, n'est puni
« que d'une peine correctionnelle, soit parce
« qu'il se dépouille aux débats de quelque cir-
« constance aggravante, soit parce qu'il est mo-
« difié par l'admission d'un cas d'excuse, ou par
« l'application de circonstances atténuantes. » Et
cependant, si l'article 58 est applicable, en cas
de récidive, au crime dont la peine est adoucie
par le bénéfice des circonstances atténuantes,
on est conduit à d'étranges conséquences, opposées à l'atténuation de peines que ces circonstances sont destinées à produire.

Il peut arriver, en effet, que l'aggravation de la peine, à raison de la récidive, soit moindre que la diminution de peine dont le coupable doit profiter à raison des circonstances atténuantes. Dans ce cas ne sera-t-il pas contradictoire que la déclaration de circonstances atténuantes tourne au préjudice de celui qui les a obtenues, de telle sorte qu'il eût été préférable pour lui de n'avoir pas mérité l'indulgence et la commisération du jury?

Supposons que l'individu condamné pour délit à plus d'un an d'emprisonnement se soit rendu coupable d'un crime passible de la dégradation civique. Si le jury n'a pas reconnu de circonstances atténuantes, il sera condamné à la dégradation civique et à cinq ans d'emprisonnement au plus (art. 35), car, nous l'avons dit, la récidive de délit à crime n'aggrave pas la peine. Mais s'il a mérité des circonstances atténuantes, la Cour ne pourra lui appliquer qu'une peine correctionnelle, et comme cette peine peut être doublée à raison de la récidive et que les récidivistes peuvent être placés sous la surveillance de la haute police pendant dix ans (art. 57, 58), il pourra être condamné à dix ans d'emprisonnement, à 1,000 francs d'amende (art. 58, 401,

463) et à dix ans de surveillance de la haute
police.

Ces conséquences inattendues ont déjà ému et
divisé les jurisconsultes. Les uns, comme M. Dutruc (*Code pén. modifié*, p. 90), admettent le système rigoureux que suppose l'exposé des motifs
de la loi du 13 mai 1863. — D'autres permettent à la Cour, chargée d'appliquer la peiné, de
reconnaître elle-même des circonstances atténuantes au fait considéré comme délit et d'a-
baisser la peine de deux degrés pour éviter la
choquante anomalie que nous avons signalée
(M. Faustin Hélie, *Comment.*, p. 27). Ce système
ingénieux tourne la difficulté, mais il n'offre
pas au coupable une garantie de droit; il livre
son sort au pouvoir discrétionnaire de la Cour,
et crée une nouvelle cause de conflit entre la
Cour et le jury.

N'est-il pas plus conforme au caractère véritable des faits incriminés et aussi aux principes,
d'établir une distinction entre l'infraction qui est
un délit en raison de sa nature intrinsèque, et
l'infraction qui, réunissant les éléments constitutifs du crime, n'est assimilée au délit qu'en
raison de la peine correctionnelle qui le frappe?
Quand un fait apparaît excusable ou dépourvu

des circonstances aggravantes sans lesquelles il n'est pas un crime, ce fait n'a jamais été qu'un délit, il n'a jamais été passible que des peines délictuelles. Dès lors il peut constituer l'état de récidive de délit à délit. C'est dans cette hypothèse que s'appliquerait logiquement l'article 58.

Mais on ne peut assimiler à ce fait le crime qui justifie cette qualification légale par ses conditions intrinsèques et dont la peine n'est réduite à celle du délit que par l'effet des circonstances atténuantes. En ce cas, il y a réellement crime, et, en supposant une condamnation antérieure pour délit, il y a réellement récidive de délit à crime, par conséquent aucune aggravation de peine ne devrait être appliquée, quoique le jury ait reconnu des circonstances atténuantes. (Voir Dissertation de M. Labbé, *Revue critique*, t. XXIV, p. 298.)

La doctrine est généralement d'accord pour admettre que l'aggravation de peine résultant de la récidive s'incorpore et s'additionne avec la peine dont le crime est directement passible, et que c'est sur cette peine aggravée que doit s'exercer la déclaration de circonstances atténuantes (M. Ortolan, *Droit pénal*, n° 1681). L'aggravation de la récidive doit donc s'ajouter à la peine simple avant et non après l'application des circonstances atténuantes. C'est là, en résumé, toute la question, c'est sur ce point que réside toute l'importance des débats. Nous ne nous dissimulons pas que ce procédé est en contradiction avec l'exposé des motifs de la loi de 1863, mais il nous paraît offrir l'interprétation la plus logique et la plus satisfaisante.

Cette règle que les circonstances atténuantes doivent s'exercer sur la peine, préalablement aggravée par l'état de récidive, sera plus facilement comprise à l'aide de quelques exemples :

Un condamné pour crime commet un second crime passible des travaux forcés à temps. La récidive porte cette peine au *maximum* (20 ans) et facultativement au double. Mais la déclaration de circonstances atténuantes permet d'abaisser la peine jusqu'à l'emprisonnement de cinq à deux ans (art. 401, 463).

S'il n'avait été condamné précédemment que pour délit à plus d'un an d'emprisonnement, il y aurait récidive de délit à crime, et aucune aggravation ne devrait être prononcée; mais les circonstances atténuantes abaisseraient la peine dans les mêmes proportions, c'est-à-dire de cinq à deux ans d'emprisonnement. Telle n'est pas l'opinion de M. Dutruc : d'après cet auteur, la Cour doit tout d'abord tenir compte des circonstances atténuantes qui transforment la peine des travaux forcés en celle d'emprisonnement, mais elle n'a pas le droit de prononcer le *minimum* d'emprisonnement (savoir deux ans), parce que la récidive doit exercer son influence sur la peine ainsi modérée, et l'élever forcément à cinq ans de prison et facultativement au double. Dans ce système, le récidiviste de délit à crime qui a mérité la déclaration de circonstances atténuantes, est puni plus rigoureusement que le récidiviste de crime à crime.

Un condamné pour crime a commis un second crime passible de la reclusion ; il y a récidive de crime à crime, et, à notre avis, il faut tout d'abord en tenir compte pour aggraver la peine qui sera celle des travaux forcés à temps. C'est cette peine aggravée que les circonstances atténuantes réduiront à la reclusion ou à l'emprisonnement de cinq à deux ans (art. 463, 401), Dans le système opposé, les circonstances atténuantes, s'exerçant sur la peine directement encourue (la reclusion), permettent de la réduire à un an de prison (art. 463), et la récidive porte cette peine au *maximum* (cinq ans) et facultativement au double.

En somme, l'exposé des motifs de 1863 nous paraît dépasser le but que s'est proposé le législateur, il conduit à des conséquences imprévues et contradictoires, il produit une altération profonde des principes de la pénalité. Nous pensons qu'on peut s'en affranchir, tout en restant attaché aux dispositions des nouveaux articles 57 et 58.

TABLEAU DE L'AGGRAVATION DES PEINES PAR L'EFFET DE LA RÉCIDIVE.

I. *Récidive de crime à crime* (art. 56).

Le second crime emporterait :	On appliquera .
La dégradation civique,	Le bannissement,
Le bannissement,	La détention,
La reclusion,	Les travaux forcés à temps,
La détention,	Le *maximum* élevé facultativement au double,
Les travaux forcés à temps,	Le *maximum* élevé facultativement au double,
La déportation,	Les travaux forcés à perpétuité,
Les travaux forcés à perpétuité.	La mort.

« Toutefois, l'individu condamné par un tri-
« bunal militaire ou maritime ne sera, en cas de
« crime ou délit postérieur, passible des peines
« de la récidive qu'autant que la première con-
« damnation aurait été prononcée pour des

« crimes ou délits punissables d'après les lois
« pénales ordinaires. »

II. *Récidive de crime à délit* (art. 57).⎫ Assimilation de ces deux
⎬ cas par la nouvelle ré-
III. *Récidive de délit à délit* (art. 58).⎭ daction de l'article 57.

Au lieu d'une peine correctionnelle variable
du *minimum* au *maximum*, la nouvelle infraction sera punie du *maximum* de la peine élevé
facultativement au double.

Le condamné *sera* de plus sous la surveillance
de la haute police pendant cinq ans au moins
et dix ans au plus,

Quand la loi prononce à la fois une peine
principale et des peines accessoires facultatives,
le juge n'est tenu d'appliquer le *maximum*, en
cas de récidive, que de la peine principale. Mais
quand elle prononce plusieurs peines principales contre le même délit (ex. : l'emprisonnement et l'amende, art. 410, 411 C. pén.), le juge
doit appliquer le *maximum* de toutes.

La récidive des contraventions de simple police est subordonnée à trois conditions spéciales :
1° que la nouvelle contravention soit de la même
classe que la précédente ; 2° qu'elle ait été commise dans la même année ; 3° dans la même commune (art. 483).

LIVRE II.

CHAPITRE UNIQUE.

Nous traiterons séparément des faits constitutifs, des circonstances aggravantes, des excuses, des circonstances atténuantes et de la
complicité.

SECTION I. — FAITS CONSTITUTIFS DU DÉLIT.
CIRCONSTANCES AGGRAVANTES.

Les faits essentiels pour caractériser une infraction sont dits constitutifs; il suffit que l'un
d'eux fasse défaut pour qu'elle soit transformée,
et cette transformation a des effets importants
sur la nature et le degré de la peine encourue,
sur la récidive, sur la prescription, la compli-

cité, et sur la position des questions. — Donner la mort volontairement à l'aide d'un instrument est un homicide; la donner à l'aide de substances susceptibles de la procurer est un empoisonnement (art. 301); la donner volontairement à un enfant nouveau-né est un infanticide (art. 300). Supprimons l'intention de donner la mort, quoique celle-ci ait été occasionnée par des coups ou blessures volontaires, le crime de meurtre est transformé en une autre infraction; supprimons encore la circonstance d'enfant nouveau-né ou de poison, il peut y avoir un meurtre, mais non un infanticide ou un empoisonnement.

Une circonstance aggravante n'aurait pas cet effet; sa présence ou son absence modifierait la peine, mais serait sans influence sur la nature du délit. Le délit resterait invariablement le même : que le vol ait eu lieu avec ou sans escalade, qu'il ait été commis la nuit, dans une maison habitée, ou sans cette circonstance, le vol n'en conserve pas moins son caractère propre, mais la peine est augmentée, et, pour cette raison, le délit peut changer de classe et passer de la classe des délits correctionnels dans celle des crimes.

Indépendamment des circonstances aggravantes qui naissent de l'éventualité des faits, le Code en énumère un grand nombre, tels que l'état de récidive (art. 55), le nombre des délinquants (art. 210, 211), le mode d'exécution (art. 208, 210, 276, 277, 343, 381, 388), le temps de nuit (art. 381, 388), la durée du délit (art. 342), le lieu (art. 222, 223, 275, 276), etc.

Il importe donc de ne pas confondre les faits constitutifs avec les circonstances aggravantes : la distinction fondamentale est celle-ci, que le caractère du délit dépend des faits constitutifs, et est indépendant des circonstances aggravantes.

L'application de cette règle, et la détermination des faits constitutifs dans tel ou tel crime prévu par la loi, offrent quelquefois de sérieuses difficultés. — On reconnaît généralement que l'assassinat est non pas un crime *sui generis*, mais un homicide volontaire, et, que la préméditation ou le guet-apens n'est qu'une circonstance aggravante ; que l'infanticide, au contraire, et l'empoisonnement, sont des crimes à part, parce que la circonstance d'enfant nouveau-né ou de poison fait partie essentielle de l'incrimination ; — mais la jurisprudence considère la qualité personnelle du meurtrier descendant de sa victime comme un fait constitutif, tandis qu'elle n'est, aux regards de la doctrine, qu'une circonstance aggravante.

Remarquons encore que le même fait peut, dans un même genre de délit, former, tantôt une circonstance aggravante, tantôt une circonstance constitutive :

S'agit-il d'un attentat à la pudeur, sans violence, sur un enfant âgé de moins de onze ans (art. 331), l'âge est un élément essentiel. — L'attentat a-t-il été commis avec violence, — la minorité de quinze ans, dans la personne du patient, est une circonstance aggravante (art. 332). De même le fait et la volonté de mettre le feu à la propriété d'autrui sont constitutifs du crime d'incendie ; — ce sont, au contraire, des circonstances aggravantes si l'agent, en mettant le feu à des objets lui appartenant, non habités et ne servant pas à l'habitation, a causé volontairement à autrui un préjudice quelconque (art. 434).

Cette transformation de faits mérite, on le voit, une observation attentive.

SECTION II. — DES EXCUSES.

La criminalité d'un fait dépend du mobile qui l'a inspiré. Les sources de cette inspiration sont innombrables, et il est souvent difficile d'assigner à l'activité humaine sa cause occasionnelle ou déterminante. Cependant, la loi a prévu certains faits dont on peut dire: C'est telle passion, tel sentiment qui a présidé à leur exécution, et il convient d'en tenir compte pour abaisser la peine, quelquefois pour en exempter le coupable.

Les circonstances ainsi désignées comme diminuant la culpabilité, sans l'effacer, se nomment excuses légales : les unes atténuent la peine, *excuses atténuantes*, les autres empêchent de la prononcer, *excuses absolutoires*.

Les excuses atténuantes, sont :

1° *La minorité de seize ans*, quand le mineur a agi avec discernement (art. 66, 67 ; voir p. 64);

2° *La provocation par coups ou violence grave*, quand elle a été suivie de meurtre, coups ou blessures (art. 321, 325);

3° *Le flagrant délit d'adultère* dans la maison conjugale, quand il a été suivi du meurtre de l'épouse ou du complice par l'époux (art. 324).

Dans ces deux cas, le coupable a été excité au crime par une attaque à sa personne ou à son honneur.

4° *La situation incomplète de la légitime défense* (art. 322, 324). — Cette situation existe, lorsque le meurtre, les blessures ou les coups ont été commis ou portés en repoussant, *pendant le jour*, l'escalade ou l'effraction des clôtures, murs ou entrée d'une maison ou d'un appartement habité ou de leurs dépendances.

La violation du domicile et la crainte d'un danger possible expliquent cette disposition. — Si ces faits s'étaient exécutés *la nuit*, ils présenteraient les caractères d'une légitime défense, car cette circonstance ferait supposer chez l'agent les intentions les plus hostiles.

5° *Le préjudice éprouvé* par celui qui, ayant reçu pour bonnes de fausses monnaies, les remet en circulation après en avoir vérifié les vices (art. 135). — Il n'a pas agi dans l'intention de nuire à autrui, mais plutôt en vue de réparer ou d'éviter un préjudice personnel.

6° *La provocation* à prendre part à des actes de pillage (art. 441). — L'agent qui a cédé aux sollicitations est moins coupable que s'il avait eu l'initiative de la pensée du mal.

L'excuse atténuante diffère des circonstances atténuantes sous trois rapports :

1° Le fait d'excuse est prévu et déterminé par la loi ; -- la circonstance atténuante ne l'est pas.

2° L'excuse doit être posée en question au jury ; — la circonstance atténuante n'est pas l'objet d'une question écrite. Le président des assises doit seulement prévenir les jurés qu'ils ont la faculté d'admettre des circonstances atténuantes. Cette disposition est fondée sur un sentiment de réserve du législateur favorable à l'accusé. Il eût été plus compromettant pour celui-ci de forcer le jury à répondre négativement à une question formelle.

3° L'excuse est admise par le simple partage des votes (six contre six); — l'admission des circonstances atténuantes exige la majorité.

Les excuses absolutoires sont :

1° *La parenté* ou *l'alliance* entre le coupable et les personnes au profit ou au détriment desquelles le délit a été commis, en cas de recel de criminels ou de vol (art. 248, 380).

Lorsque les ascendants ou descendants, l'é-

poux ou l'épouse, les frères ou sœurs, et les alliés aux mêmes degrés du coupable l'ont soustrait aux recherches de la justice, la loi n'ose
pas sévir contre un acte inspiré par les sentiments les plus honorables, elle ne veut pas entrer en lutte avec la conscience, elle préfère
pardonner.

L'unité de patrimoine, ou la solidarité du
nom et des intérêts, ou le désir de protéger les
biens de famille, ne permet pas non plus d'incriminer les soustractions commises par des
maris au préjudice de leurs femmes, par des
femmes au préjudice de leurs maris, par un
veuf ou une veuve quant aux choses qui avaient
appartenu à l'époux décédé, par des enfants ou
autres descendants au préjudice de leurs pères
ou mères, ou autres ascendants, par des pères
et mères ou autres ascendants au préjudice de
leurs enfants ou autres descendants, ou par des
alliés au même degré.

2° *Le défaut de résistance,* en cas de sédition
(art. 100, 213).

Cette impunité a pour but de provoquer la
prompte dissolution des bandes séditieuses.
Ceux qui en font partie prouvent, en se retirant
au premier avertissement, qu'ils ne sont cou-

7

pables que de faiblesse et d'entraînement irré-
fléchi.

3° *Les révélations ou arrestations procurées*
(art. 108, 138, 144, 284, 285, 288). — En cas
de complot contre la sûreté de l'Etat, de contrefaçon ou altération de la monnaie, de contrefaçon du sceau de l'Etat ou usage du sceau contrefait, de publication d'écrits sans désignation
de l'auteur ou de l'imprimeur, les coupables
qui, avant toutes poursuites, révèlent ces crimes
et leurs auteurs, ou qui, même depuis le commencement des poursuites, procurent l'arrestation des auteurs ou complices, sont exempts de
toute peine.

4° *La réparation, dans un certain délai, du
dommage causé,* en cas d'évasion de détenus,
s'ils ont été repris dans les quatre mois, et, en
cas de rapt d'une mineure, s'il a été suivi du
mariage (art. 247, 357).

L'excuse absolutoire, sans détruire la culpabilité, rend le délit impunissable. De là trois
différences entre l'absolution et l'acquittement :
l'absolution est une déclaration d'exemption de
peine, l'acquittement est une déclaration d'innocence. La première est prononcée par arrêt de
la Cour, le second, par ordonnance du président.

Enfin la révision du procès anéantit l'arrêt d'absolution, non l'acquittement.

SECTION III. — DES CIRCONSTANCES ATTÉNUANTES.

Sous ce terme sont compris tous les faits propres à diminuer la culpabilité, et qui, par leur nuance, leur variété, échappent à la prévision du législateur et sont abandonnés à la libre appréciation des juges... Telles sont les angoisses de la faim, la crainte d'une honte imminente, l'exaltation d'une ivresse involontaire, etc., etc.

, L'application des circonstances atténuantes n'est pas inconciliable avec celle des circonstances aggravantes. Exemple : un misérable a commis un vol, la nuit, dans une maison habitée, circonstances qui élèvent la peine jusqu'à la reclusion (art. 386); — mais il s'est borné à prendre une somme minime en vue de pourvoir aux besoins urgents de sa femme ou de son enfant malade. — Ce mobile, honorable en soi, permet de réduire la peine à un emprisonnement d'un an (art. 463).

Depuis la révision de 1832, les circonstances atténuantes s'appliquent aux crimes, délits et contraventions (art. 463, 483 C. pén.; art. 341 Inst. cr.).

Effets des circonstances atténuantes (art. 463).

Si la peine prononcée par la loi est	On appliquera :
La mort,	Les travaux forcés à perpétuité ou à temps ; en cas de crime contre la sûreté de l'Etat, la déportation ou la détention.
	Mais dans les cas prévus aux articles 86, 96, 97, les travaux forcés à perpétuité ou à temps.
Les travaux forcés à perpétuité,	Les travaux forcés à temps ou la reclusion,
La déportation,	La détention ou le bannissement,
Les travaux forcés à temps,	La reclusion ou l'emprisonnement de cinq à deux ans (art. 401).
La reclusion, détention, bannissement, dégradation civique,	L'emprisonnement de cinq à un an (art. 401).
Le *maximum* d'une peine afflictive.	Le *minimum* ou la peine inférieure.

La loi du 13 mai-1ᵉʳ juin 1863 a modifié, en matière correctionnelle, l'effet des circonstances atténuantes énoncé dans l'article 463 du Code pénal. — Cette loi divise les peines en deux classes : 1° Toutes celles dont le *minimum est égal ou supérieur à un an de prison ou 500 francs d'amende,* soit à raison de la nature du délit, soit à raison de l'état de récidive, peuvent être réduites, par l'effet des circonstances atténuantes, à six jours de prison ou à 16 francs d'amende, *sans qu'il soit permis de substituer une peine à l'autre.* — En appréciant cette mesure, qui a pour objet de prémunir contre le danger de l'arbitraire, nous avons le droit de dire qu'elle offre l'inconvénient de n'être pas assez flexible pour s'appliquer, dans une proportion équitable, à toutes les variétés d'infractions. — 2° Dans tous les autres cas, le juge conserve le droit illimité d'atténuation et de substitution de peine.

SECTION IV. — DE LA COMPLICITÉ.

La complicité est l'union de plusieurs agents dans le même délit ; ils se sont associés dans le crime, la loi les associe dans le châtiment.

Il importe de distinguer l'auteur et le complice, car c'est dans la personne de l'auteur qu'il faut rechercher les éléments constitutifs du délit. —L'auteur a pris une part *directe et matérielle* au délit, — le complice y a participé *indirectement*, soit comme provocateur, soit comme auxiliaire.

La loi pénale énumère cinq cas limitatifs de complicité (art. 60, 61, 62) :

1° La *provocation* par dons, promesses, menaces, abus d'autorité ou de pouvoir, machina-
tions ou artifices coupables et par instructions
données ; — et aussi la provocation prévue par
la loi du 17-18 mai 1819, soit par discours, cris
ou menaces proférés en public, soit par écrits,
imprimés, dessins, peintures, gravures ou em-
blèmes vendus ou distribués, mis en vente ou
exposés dans des lieux ou réunions publics, soit
par placards et affiches exposés au regard du
public.

2° La *fourniture des instruments,* armes ou
tout autre moyen qui aura servi à l'action, le
délinquant *sachant* qu'ils devaient y servir.

3° L'*aide et l'assistance* prêtée, *avec connaissance,*
dans les faits qui auront préparé ou facilité, ou
dans ceux qui auront consommé l'action.

4° La *fourniture habituelle du logement,* lieu
de retraite ou de réunion à des malfaiteurs, *en
connaissance* de leur conduite criminelle.

5° Le *recel sciemment* fait des produits du
délit.

Point de complicité, sans un fait constant
ayant le caractère de crime ou délit. Ainsi l'auxiliaire d'un suicide n'est pas punissable, parce
que le fait du suicide n'est pas un crime puni

par la loi. Il en est de même de l'auxiliaire d'une tentative d'avortement pratiquée par la femme enceinte (art. 317).

Mais peu importe que l'auteur du délit soit inconnu ou absent; peu importe qu'il ne soit pas poursuivi ou qu'il soit acquitté en raison de sa bonne foi ou de sa démence : la fuite, le décès, ou l'innocence de l'auteur ne saurait profiter au complice. Le complice du crime de rapt d'une mineure de seize ans sera poursuivi et condamné, bien que le ravisseur échappe à la poursuite par suite du mariage. La loi romaine était conforme à ce principe (voir *Institutes*, liv. IV, tit. I, § 12).

Le complice peut quelquefois être considéré comme coauteur, car si la complicité s'isole dans le recel, elle se confond avec le fait principal dans le cas d'aide et d'assistance (C. cass., arrêt 30 sept. 1853). — Observation importante, puisque la personne du complice devenu coauteur servira à caractériser l'infraction. Ainsi l'aide et l'assistance du fils de la victime, dans la consommation du meurtre, transformeront l'assassinat en parricide. Cette même assistance, dans la consommation d'un suicide, tranformera un fait non punissable en homicide, car on ne peut disposer de la vie d'autrui, même de son consentement (C. cass., arrêt 23 juin 1838). — La pure complicité par provocation, préparation, fourniture d'instruments, n'aurait pas produit ces conséquences.

D'autre part, peut-on considérer le coauteur comme complice?

Non, dit-on, car la complicité se rattache à un fait principal, sans lequel elle échappe à toute répression ; isolée, elle est sans valeur ; au contraire, le fait d'un coauteur est susceptible de s'apprécier isolément par lui-même. Il n'est pas besoin de le rattacher à un autre pour qu'il soit punissable, la peine encourue doit donc se déterminer par ce fait seul. — Cette théorie mène aux conclusions suivantes : Que celui qui, de concert avec un fils parricide, aura, comme lui, porté un coup mortel, ne sera coupable que d'homicide, tandis que, s'il s'était borné à fournir les instruments, à provoquer, il subirait la peine du parricide ! — Que celui qui, de concert avec un domestique, coopère à voler le maître, ne commettrait qu'un vol simple, tandis que, s'il se borne à le conseiller, à le provoquer, à lui fournir les moyens de soustraction, il sera coupable de vol domestique ! — Ce résultat odieux prouve la fausseté du principe. Reconnaissons que celui qui concourt à la consommation d'un acte est à la fois coauteur et complice; ce double caractère est confirmé par l'article 60, et la Cour de cassation a maintenu sa jurisprudence en ce sens, par arrêt du 15 juin 1860.

ARTICLE 59 : « Les complices seront punis de « la même peine que les auteurs mêmes du « crime ou du délit, » — c'est-à-dire de la peine que la loi détermine contre le crime ou le délit commis par l'auteur. — « Sauf les cas où la loi en aurait disposé autrement. » Ainsi la peine de mort ne sera jamais appliquée au recéleur (art. 63). Les autres exceptions sont formulées aux articles 267, 268, 293, 441.

Le fait de l'auteur devient le fait du complice ; tel il est aggravé pour l'auteur *par les circonstances matérielles* dans lesquelles il a été commis, tel il est aggravé pour le complice, même quand il les aurait ignorées. — Il y a cependant une exception quant au recéleur (art. 63) : « Si les « circonstances aggravantes motivent une peine « perpétuelle, le recéleur qui les aura ignorées ne « subira que la peine des travaux forcés à temps. »

Nul ne doute de la réaction sur le complice des circonstances *matérielles* du fait, telles que la préméditation, le temps de nuit, l'escalade, l'effraction, l'emploi de fausses clefs, etc... ; mais on conteste la réaction des circonstances aggravantes qui résultent des *qualités personnelles* à l'auteur, la parenté, l'état de domestique, d'officier public, de tuteur, de fonctionnaire, etc... Les devoirs de l'un et de l'autre n'étant pas égaux, comment le crime peut-il être égal pour chacun ? telle est l'objection. — Cependant l'opinion généralement adoptée rend le complice responsable de toutes les circonstances, même personnelles, sans distinction ; parce que la qualité de l'auteur est un élément constitutif du crime, qu'elle sert à le caractériser (C. cass., arrêt 30 sept. 1853). En conséquence, le complice du fils meurtrier de son père, du domestique voleur de son maître, eût-il ignoré cette qualité personnelle de l'auteur, sera frappé de la peine du parricide ou du vol domestique. C'est une grande rigueur que d'étendre au complice les circonstances aggravantes dont il n'a pas eu connaissance ; mais l'article 59 est formel.

Si le fait de complicité s'identifie avec le fait principal, la personne du complice ne s'identifie pas avec celle de l'auteur ; de sorte que l'un et l'autre pourront être traités différemment dans l'application de la peine. Cette peine, une fois déterminée par le caractère du fait de l'auteur, pourra être augmentée pour l'un, s'il est, par exemple, en état de récidive, diminué pour l'autre, en raison de l'excuse, ou de toute autre considération personnelle.

Nous devons exposer quelques questions controversées relativement à cette matière :

1° Un conjoint ou un descendant est complice du meurtre de son conjoint ou ascendant commis par un tiers provoqué par coups ou violences graves, profitera-t-il de l'excuse que peut invoquer l'auteur principal? — Les articles 323, 324 n'y font pas obstacle, car d'une part, l'acte n'est qu'un homicide, et d'autre part l'article 324, en portant que le crime du conjoint n'est excusable que s'il y a eu légitime défense, suppose que le conjoint est l'auteur principal. — Cette conclusion nous semble cependant inacceptable ; sans doute le crime dont il s'agit n'est qu'un meurtre, mais l'excuse par provocation est personnelle à l'auteur; le complice ne peut s'en prévaloir qu'autant que lui-même a été provoqué. Dans cette dernière hypothèse, le crime serait excusable même pour le complice, nonobstant les articles 323, 324.

2° Il en serait autrement si le conjoint ou le

descendant était coauteur du meurtre, le fait de provocation étant commun aux deux coupables. La qualité du coauteur rendrait applicables les articles 323 et 324 ; dès lors le descendant parricide ne pourrait invoquer aucune excuse et le conjoint ne pourrait invoquer que l'excuse tirée de l'état de légitime défense.

3° **Mais les autres coauteurs** qui n'ont pas la qualité de conjoint ou descendant de la victime, peuvent-ils se prévaloir de l'excuse de la provocation de leur propre chef, bien que leur coauteur n'ait pas ce droit, aux termes des articles 323, 324? — Pour la négative, on dit que les circonstances aggravantes du crime réagissent sur tous les coauteurs, même celles qui résultent d'une qualité personnelle à l'un d'eux; que le fait le plus grave est communiqué à tous; qu'il serait contraire à l'esprit de l'article 59 de punir les uns d'une peine criminelle, les autres d'un emprisonnement correctionnel. — L'opinion contraire réfute ces objections en séparant le cas prévu par l'article 323 de celui qui fait l'objet de l'article 324. D'après cette dernière disposition, la qualité de conjoint dans la personne de l'auteur ne transforme pas le crime, elle a seulement pour effet de le rendre inexcusable (sauf le cas de légitime défense); or peut-on soutenir que l'inexcusabilité est une circonstance aggravante? Ce serait inexact, puisque son effet est, non pas d'augmenter la peine, mais d'en interdire l'atténuation. Comment donc serait-on autorisé à rendre les coauteurs responsables de l'inexcusabilité prononcée contre le conjoint, sans violer la règle d'équité *odia sunt restringenda ?*

Appliquerons-nous cette conclusion aux coauteurs d'un parricide? — La raison de douter est que la qualité de descendant transforme le meurtre en parricide, et l'article 323 déclare le parricide inexcusable. La question peut se formuler de la sorte : Ces deux propositions sont-elles inconciliables, solidarité entre les coauteurs du caractère constitutif du parricide et non solidarité relativement à l'inexcusabilité? — Nous ne le pensons pas. Sans doute, c'est la qualité d'enfant qui rend le crime inexcusable, mais elle pourrait cesser d'avoir cet effet sans que le crime cessât d'être un parricide. Donc les coauteurs, bien que condamnés pour parricide, pourront réclamer le bénéfice de l'excuse; l'article 323 ne s'y oppose pas.

La loi ne punit pas la complicité dans les contraventions de police.

En terminant ce sujet, nous devons signaler les *desiderata* de la science rationnelle sur la peine portée contre le complice. Emue de cette étrange conséquence, que le fils, lâche provocateur du meurtre de son père, n'est pas traité comme parricide, elle demande que les complices soient punis comme s'ils étaient eux-mêmes les auteurs du fait.

CODE

D'INSTRUCTION CRIMINELLE

DÉCRÉTÉ

EN NEUF LOIS, LES 17 NOVEMBRE-16 DÉCEMBRE 1808,
APPLIQUÉ EN 1811, RÉVISÉ EN 1832.

DISPOSITIONS PRÉLIMINAIRES.

DE L'ACTION PUBLIQUE ET DE L'ACTION CIVILE

(Articles 1, 2, 3, 4.)

Un délit, en général, porte préjudice à l'intérêt social et à l'intérêt privé. De ces deux lésions d'ordre différent naissent deux actions :

L'action publique, qui appartient à la société pour punir le coupable, est exercée par des fonctionnaires qualifiés officiers du ministère public ;

L'action civile, qui a pour but la réparation du dommage, est exercée par la partie lésée.

La première est poursuivie devant la juridiction criminelle ; la seconde peut être portée indifféremment devant les tribunaux civils ou devant les tribunaux criminels ; mais, en ce cas,

accessoirement à l'action publique et conjointe-
ment avec elle.

L'action publique est, sauf exception, préjudicielle à l'action civile, c'est-à-dire qu'elle en
suspend l'exercice, devant la juridiction civile,
aussitôt que les tribunaux criminels se trouvent
saisis.

L'action civile est seule susceptible de transaction.

D'autre part, l'action publique seule s'éteint
par la mort du prévenu ou par l'amnistie.

L'une et l'autre cessent par l'autorité de la
chose jugée et par la prescription.

SECTION I. — DES CAUSES DE SUSPENSION
DE L'ACTON PUBLIQUE.

Le droit de poursuite de la part des fonctionnaires chargés du ministère public est en général spontané, indépendant; toutefois il est des
cas où l'exercice en est subordonné à certaines
conditions préalables. Il est suspendu :

1° Par le défaut de plainte ;

2° Par la nécessité d'une autorisation préalable ;

3° Par des questions préjudicielles.

§ I. — *Défaut de plainte.*

Les cas où l'exercice de l'action publique est subordonné à la plainte de la partie lésée sont :

1° *Le délit d'adultère*, jusqu'à la plainte du mari (art. 336, 339 C. pén.). — La plainte est nécessaire pour la poursuite du complice, comme pour celle de la femme. Mais, le mari dénonçant sa femme, le complice peut être poursuivi d'office, car la protection que la loi accorde aux intérêts de la famille ne s'étend aux complices qu'accessoirement, et l'action du ministère public ne doit pas être scindée. — D'autre part, le mari ne peut dénoncer le complice sans dénoncer sa femme, parce que l'action est indivisible et que la femme ne serait pas moins atteinte par le scandale d'un procès qui efface le pardon. D'où la conséquence que le désistement du mari éteint la poursuite, même à l'égard du complice.

Il en est autrement de la réconciliation après jugement en dernier ressort : elle fait cesser la peine de la femme, sans mettre fin à celle du complice.

Mais si la condamnation n'est définitive qu'à l'égard de la femme, le complice condamné ayant

8

seul formé appel, le pardon du mari s'étend au complice, car il est de l'intérêt du mariage que le procès ne continue pas et que le fait d'adultère ne soit pas de nouveau recherché.

La plainte du mari est non recevable : 1° s'il a entretenu une concubine dans la maison commune, maison que la femme légitime aurait le droit d'habiter comme son mari, et lors même que le délit aurait été commis en son absence ; 2° s'il y a eu réconciliation postérieurement au fait d'adultère ; 3° si le mari est frappé d'interdiction ; 4° s'il décède, parce que le mari doit concourir à l'action publique pendant toute la durée du procès.

La plainte de la femme contre l'entretien d'une concubine dans la maison commune est également nécessaire pour autoriser la poursuite du ministère public (art. 339 C. pén.); mais la femme ne peut en arrêter l'exercice par son désistement. Les convenances morales lui interdisent le droit de dénoncer la concubine de son mari.

2° *Le rapt d'une fille mineure*, jusqu'à la plainte des parties intéressées. — Si le ravisseur a épousé la fille enlevée et si la nullité du mariage n'est pas prononcée (art. 257 C. pén.), l'action est éteinte, car elle repose sur un intérêt de famille qui n'est plus lésé.

L'exception tirée du mariage couvre également le complice, car le scandale d'une poursuite contre celui-ci humilierait l'épouse et compromettrait la paix du ménage.

3° *Les délits des fournisseurs des armées*, en raison des fournitures, jusqu'à la plainte de l'administration (art. 433 C. pén.). — On a pensé qu'il appartenait à l'administration seule d'apprécier la gravité des fraudes, l'utilité et l'opportunité de leur répression.

4° *Les délits commis hors du territoire par un Français contre un particulier.* — La poursuite ne peut être exercée en France qu'autant que la partie lésée porte plainte et que le coupable, de retour en France, n'a pas été jugé en pays étranger.

5° *Les délits d'offense* envers les chambres, le souverain et les souverains étrangers; ceux de *diffamation*, d'*injure* contre les cours et tribunaux et autres corps constitués, contre tout agent de l'autorité publique, contre tout agent diplomatique étranger accrédité près du souverain ou contre tout particulier (Loi du 26 mai 1819, art. 1-5). — S'agit-il d'une offense envers les chambres, il faut l'autorisation de poursuite après une délibération solennelle du corps offensé. En subordonnant l'action à cette solennité de débats publics, on a voulu éviter les excès possibles d'une majorité irritée.

S'agit-il de diffamation, d'injure, la poursuite doit être provoquée par la plainte de l'intéressé. — Le terme *corps constitués* comprend tous les corps judiciaires ou administratifs auxquels est déléguée une portion de l'autorité publique.

La plainte préalable n'est pas nécessaire contre un *outrage*. L'outrage est un délit commis par gestes ou par paroles et aussi (depuis la loi du 13 mai 1863, modifiant l'art. 222 C. pén.) par écrit ou dessin non rendu public; — tandis que la diffamation ou l'injure est un délit commis par un mode de publication.

Toutefois, si l'outrage s'adresse à un député, à un fonctionnaire public, à un ministre du culte, à un juré, la Cour de cassation, faisant application de la loi du 26 mai 1819, article 5, aux délits prévus par l'article 6 de la loi du 25 mars 1822, distingue l'outrage fait *à raison des fonctions* de l'outrage fait *dans l'exercice des fonctions* : en ce dernier cas, l'outrage blesse la

loi, trouble la paix publique, intéresse l'ordre
social tout entier; il doit, pour ce motif, être
poursuivi d'office.

Mais l'outrage *à raison des fonctions* n'intéresse que la personne privée; elle seule peut être
juge de sa gravité, c'est d'elle que doit émaner
le pardon ou l'initiative de la poursuite (arrêt
du 25 juin 1846).

6° *Le délit de chasse sur le terrain d'autrui*,
jusqu'à la plainte du propriétaire (Loi du 3 mai
1844, art. 26). — Cette exception est très-res-
treinte et le droit de poursuite d'office existe
quand le délit est commis sur un terrain clos
et attenant à une habitation, sur des terres non
encore dépouillées de leur récolte ; — en temps
prohibé; — ou la nuit; — ou avec des engins
prohibés; — ou sans permis de chasse. De sorte
que la présomption du consentement du propriétaire, qui ne se plaint pas, cesse quand il y
a violation de domicile, intérêt de récolte ou
raison d'intérêt général à la répression.

Le délit de pêche est-il soumis à la même restriction? La loi du 15 avril 1829, article 67,
porte : « Les poursuites et actions seront exer-
« cées au nom et diligence des parties intéressées. » M. Faustin Hélie prétend que cette dis-

position attribue à l'action privée les mêmes effets qu'à l'action publique, mais sans l'écarter. Il s'appuie sur ce que les agents administratifs doivent constater le délit et transmettre leurs procès-verbaux au procureur impérial, d'où il conclut à la poursuite d'office. — Telle n'est pas notre opinion. La constatation du délit a pour but de saisir les preuves, en attendant que la poursuite soit provoquée, et la nécessité de cette provocation nous paraît ressortir de l'article 67 qui, dans le sens du savant commentateur, serait une disposition au moins inutile et superflue (*ità* Mangin).

7° *Le délit de contrefaçon industrielle* jusqu'à la plainte de l'intéressé (Loi du 5 juillet 1844, art. 40-45). — Cette exception est désapprouvée, parce qu'il n'y a pas de raison spéciale pour suspendre l'action publique, en cas de spoliation de ce genre, tant que le consentement du breveté n'est pas prouvé. — La contrefaçon littéraire et artistique est poursuivie d'office ; pourquoi ne pas appliquer la même règle à la contrefaçon industrielle, qui n'est qu'une variété du vol ?

Si le ministère public refuse de donner suite à la plainte, le plaignant peut citer le prévenu devant le tribunal correctionnel (art. **182** Inst. cr.), ou se constituer partie civile devant le juge d'instruction (art. 63).

L'action publique, une fois provoquée par la plainte, n'est pas subordonnée au concours du plaignant, peu importe qu'il s'y associe ou qu'il y reste étranger. D'où il suit que le ministère publie peut former appel d'un jugement de première instance sans l'adjonction du plaignant ; — qu'il peut, même après le désistement de celui-ci, commencer ou continuer la poursuite (sauf en cas du délit d'adultère, art. **337** C. pén.).

§ II. — *Nécessité d'une autorisation préalable.*

L'action publique contre certaines personnes est subordonnée à la nécessité d'une autorisation préalable, soit en raison de leur qualité, soit en raison de leurs fonctions. De là deux garanties, l'une politique, l'autre administrative.

La garantie politique protège les ministres, sénateurs, conseillers d'Etat, membres du Corps législatif. Elle assure leur indépendance dans l'exercice de leur pouvoir contre toute poursuite, soit publique, soit privée [1].

Elle cesse avec le mandat politique dont ils sont investis.

La garantie administrative a pour but de soustraire les agents du gouvernement à des attaques téméraires ou irréfléchies et d'assurer leur indépendance dans l'exercice de leurs fonctions. Ce sont ces fonctions, plutôt que le fonctionnaire, que la loi a entendu protéger; aussi n'a-t-il pas le droit de renoncer, à cette protection, et la destitution ou la cessation des fonctions ne l'en prive pas.

Cette institution repose sur les grands principes de la séparation des pouvoirs judiciaires et des pouvoirs administratifs, séparation édictée en ces termes par la loi des 16-24 août 1790, tit. II, art. 13. « Les juges ne pourront, à peine « de forfaiture, citer devant eux les administra-« teurs pour raison de leurs fonctions. » — La poursuite pour faits relatifs à leurs fonctions

---

[1] Ministres, voir Constitution du 14 janvier 1852, art. 13. — Sénateurs, Sénatus-consulte du 4 juin 1858, art. 6. — Conseillers d'Etat, Constitution du 22 frimaire an VIII, art. 70, et Code pénal, art. 121. — Corps législatif, Décret organique du 2 février 1852, art. 9, 10, 11.

doit être précédée d'une autorisation du Conseil d'Etat (constitution du 22 frimaire an VIII, art. 75). Les articles 127, 129 du Code pénal sanctionnent cette disposition.

Par exception, les préposés aux contributions indirectes peuvent être poursuivis d'office (loi du 28 avril 1816, art. 244).

Une seconde dérogation à l'article 75 de la constitution de l'an VIII enlève le droit d'autorisation au Conseil d'Etat, et l'attribue aux chefs d'administration, savoir : pour les préposés à l'enregistrement[1], pour les agents des postes[2], pour les agents des forêts[3], pour les agents des poudres et salpêtres[4]. — Le préfet autorise la poursuite des percepteurs des contributions directes[5]; — le ministre autorise celle des fonctionnaires administratifs de la guerre[6].

Le terme *agents du gouvernement* comprend tous les dépositaires d'une portion de l'autorité publique, tels sont les préfets, sous-préfets, secrétaires généraux de préfecture, conseillers de

---

[1] Arrêté du 9 pluviôse an X.
[2] *Idem.*
[3] Arrêté du 28 pluviôse an XI.
[4] Décret du 28 février 1806.
[5] Arrêté du 10 floréal an X.
[6] Ordonnance du 18 septembre 1820.

préfecture, les maires, en tant que délégués du pouvoir exécutif pour l'exécution des lois et règlements et en tant que présidents des assemblées électorales, les commissaires de police, les agents diplomatiques, consuls, inspecteurs généraux, conducteurs des ponts et chaussées, directeurs des maisons centrales, etc.

La poursuite d'office n'est interdite que dans le cas où les faits reprochés sont *relatifs aux fonctions* et constituent un abus, un exercice illégal et perverti du pouvoir délégué. Il ne suffit pas que la personne poursuivie soit un agent du gouvernement, ni que les faits incriminés se soient produits pendant l'exercice des fonctions, il faut surtout que l'acte soit *relatif à la fonction*. Exemple : une assemblée électorale est livrée au désordre, le maire, président du bureau, intervient, prend parti pour l'un des candidats et profère contre l'autre d'outrageantes allégations. Le fait d'outrage est un abus des fonctions de police dont ce magistrat est revêtu; un rapport intime rattache ce fait aux fonctions administratives et en constitue une perversion. L'autorisation préalable est donc nécessaire. Mais si, l'intervention du maire n'avait été motivée par aucun désordre, si de son initiative personnelle et sans provocation il s'était porté à des propos blessants pour l'honneur d'un candidat, l'outrage n'aurait pas été relatif à ses fonctions, et il devrait être poursuivi sans nécessité d'une autorisation.

Le ministre du culte est protégé, non comme fonctionnaire, par la loi du 18 germinal an X, art. 6, 7, 8. Il ne peut être poursuivi pour délits commis dans l'exercice ou à l'occasion de son ministère, sans la déclaration *d'abus* et l'autorisation du Conseil d'Etat. Cette garantie a pour objet les excès du pouvoir spirituel et non les délits de droit commun.

§ III. — *Questions préjudicielles.*

En règle générale *l'instance criminelle tient l'instance civile en suspens* (art. 3, Inst. crim.); règle salutaire, car il fallait soustraire le sort du prévenu à l'influence qu'aurait pu exercer la décision des juges civils sur les juges du procès criminel; il fallait que les questions où s'agitent les plus grands intérêts de l'homme, l'honneur, la vie, la liberté, fussent résolues avant les questions pécuniaires en dommages-intérêts.

Cette règle n'est pas cependant sans exceptions; ces exceptions prennent le nom de *questions préjudicielles*. Elles se divisent en deux classes : les unes suspendent l'action publique elle-même, les autres suspendent seulement le jugement, jusqu'à la constatation par une instance civile d'un fait antérieur dont l'existence vérifiée est une condition indispensable de l'action ou du jugement criminel.

Nous n'insisterons pas sur la seconde classe des questions préjudicielles, puisqu'elles ne sont qu'un incident de la procédure criminelle : telle est la question de nullité d'un premier mariage, soulevée par l'accusé de bigamie, et qui arrête l'instruction jusqu'à ce qu'elle ait été résolue par le tribunal civil (art. 189 C. Nap. et art. 357 C. pén.); — telle est la question d'existence du titre ou du droit de propriété, en cas de poursuite en suppression de titre ou en violation de propriété (loi du 28 septembre 1791, art. 12 ; — art. 182 C. for.; — loi de 1829 sur la pêche fluviale, art. 59); etc...

Les questions de la première classe, véritablement *préjudicielles à l'action publique*, méritent une mention spéciale. — Nous citerons comme telle, en cas de *délit de dénonciation ca-*

lomnieuse, la nécessité de la constatation préalable de la fausseté des faits dénoncés. Tant qu'il
n'aura pas été reconnu, par jugement civil ou
par tout autre acte authentique, que les susdits
faits sont faux, la poursuite en calomnie est suspendue (art. 370, 372 C. pén.); — nous citerons surtout, en cas de *délit de suppression d'état,*
la nécessité d'une vérification préalable, par jugement civil de la filiation contestée. Cette exception demande quelque développement.

Aux termes des articles 319, 320, 323 du Code
Napoléon, la filiation légitime doit être constatée par un acte de naissance inscrit sur les
registres de l'état civil ou par une possession
d'état, et, si l'enfant a été inscrit sous de faux
noms ou comme né de parents inconnus, par témoins, mais avec un commencement de preuve
écrite ou des indices et présomptions graves.
Ainsi la preuve testimoniale pure est repoussée.
D'où vient cette défiance? Pourquoi suspecter la
sincérité des témoins? C'est qu'il importe de ne
pas exposer le repos, la dignité des familles aux
attaques de la cupidité; de ne pas faire dépendre
la sécurité domestique de la conscience souvent
vénale et corruptible des hommes; c'est aussi
que, de tous les droits individuels, le droit de

famille, l'intégrité de sa constitution, est le plus respectable, le plus digne de protection contre l'usurpation. Une expérience récente avait édifié le législateur sur le danger et la fragilité de ce genre de preuve : sous la période dite intermédiaire, l'action criminelle relative à une question d'état étant exercée par le ministère public, la personne prétendue lésée par l'irrégularité de son acte de naissance se constituait partie civile, pour la recherche de sa filiation, et la preuve testimoniale était reçue à l'appui des deux poursuites. Pour mettre fin à des abus déplorables, le Code Napoléon (art. 326, 327) a subordonné l'action criminelle à l'action civile ; il a attribué pour cette dernière action compétence exclusive aux tribunaux civils, et a interdit la preuve de la filiation par simple témoignage. Notons toutefois que ce *prejudicium*, cette dépendance de l'action publique, est restreint au cas d'une filiation contestée, et non de toute autre question d'état, et seulement lorsque la poursuite criminelle pourrait exercer une influence directe sur l'état de l'enfant. — Tout acte dont l'effet serait d'altérer ou de supprimer l'état civil d'un enfant, tel que l'enlèvement, le recel, la substitution de l'état civil d'un enfant (art. 345 C. pén.), la falsification de l'acte de naissance, rentre dans cette exception. — Mais l'action publique reste libre toutes les fois que le crime n'est pas essentiellement lié à la question de filiation, et que la peine est encourue quelque soit l'état de l'enfant : tels sont les délits d'exposition (art. 349 Code pén.), d'enlèvement, de recel ou de suppression de la personne d'un enfant, encore que cette suppression comprenne celle de son état. Ajoutons le délit de supposition d'enfant, lorsque la filiation de cet enfant n'est pas contestée, et que la prétendue mère, sans être accouchée, se l'est attribué en le faisant inscrire sous son nom.

La question d'état ne forme pas une exception préjudicielle quand elle se présente incidemment à une instance criminelle et ne se rattache pas à une réclamation d'état : tel serait le cas où l'accusé d'un parricide contesterait son rapport de filiation avec la victime.

Quoique justifiée par de hautes considérations d'intérêt général, cette exception n'est pas à l'abri de tout reproche; non-seulement elle suspend l'action publique, mais elle peut en paralyser à jamais l'exercice par l'effet d'une transaction entre le coupable et la partie lésée, ou par la simple inaction de celle-ci. Peut-être aurait-on pourvu plus efficacement au double intérêt de la famille et de l'administration de la justice en laissant toute liberté d'action au ministère public, mais en imposant aux tribunaux criminels la vérification préalable de la filiation avec l'ordre de preuves indiquées pour les tribunaux civils.

SECTION II. — DES CAUSES D'EXTINCTION DE L'ACTION PUBLIQUE.

La poursuite du délit cesse par *la mort du prévenu, la chose jugée, la prescription, l'amnistie.*

§ I. — *Mort du prévenu.*

« Quand il n'y a point d'accusé, dit Ayrault, il n'y a point d'accusation ni d'accusateur. » L'ancienne jurisprudence dérogeait à ce principe et autorisait le procès contre la mémoire de l'accusé dans les crimes de lèse-majesté divine ou humaine, de suicide et de rébellion violente à justice, suivie de mort. Sous notre législation, la mort de l'accusé, survenue avant que la condamnation ait acquis l'autorité de la chose jugée, met fin à toute procédure ; mais, nous l'avons dit page 30, l'action subsiste contre les coauteurs ou complices.

Cette règle de l'extinction de l'action publique par le décès du prévenu s'applique en toute matière criminelle, aux contraventions aux lois fiscales, aux amendes et confiscations, même à la condamnation aux frais qui ne peut exister que comme conséquence d'une culpabilité irrévocablement vérifiée.

Par exception, seront confisquées contre l'héritier du défunt les marchandises prohibées et les choses nuisibles dont la destruction est ordonnée par la loi.

§ II. — *Chose jugée.*

En droit criminel comme en droit civil, l'autorité des jugements est inattaquable, *pro veritate habetur*. Elle a pour effet de garantir l'acquitté contre de nouvelles poursuites et de l'affranchir des anxiétés d'une perpétuelle incertitude. Désormais il vivra en pleine sécurité; l'acquittement est un asile inviolable.

ART. 246 : « Le prévenu, à l'égard duquel la « Cour aura décidé qu'il n'y aura pas lieu au « renvoi à la Cour d'assises, ne pourra plus y être

« traduit à raison du *même fait*, à moins qu'il ne
« survienne de nouvelles charges. »

Art. 260 : « Toute personne acquittée légale-
« ment ne pourra être reprise ni accusée à raison
« du *même fait*. »

De ces textes il résulte : 1° que lorsque la
chambre d'accusation a rendu un arrêt de non-
lieu, elle est dessaisie du droit d'apprécier à
nouveau les faits sur lesquels a porté son investigation ; 2° qu'après un acquittement prononcé, les faits sur lesquels il a été rendu
échappent à toute poursuite ultérieure.

L'exception fondée sur l'autorité de la chose
jugée au criminel est d'ordre public, elle peut
donc être proposée en tout état de cause, et
même doit être invoquée d'office par le juge.
La jurisprudence, par une interprétation bien-
veillante pour l'acquitté, attribue cet effet à tous
jugements en dernier ressort, fussent-ils éma-
nés de tribunaux illégalement composés, ou de
tribunaux incompétents, ou fussent-ils contraires aux prescriptions de la loi.

En droit civil, l'autorité de la chose jugée résulte de la réunion de trois conditions : *eadem
res, idem jus, eædem personæ*, identité d'objet,
de prétention et de parties. — En droit crimi-

nel, les conditions sont les mêmes : *identité des parties, identité du fait incriminé* (art. 1351 C. Nap. et art. 3 C. inst. crim.).

Identité des parties. — De la part de l'accusation, il y a identité de partie, parce que le ministère public est un pour tout l'Empire, et que les magistrats qui en exercent les fonctions représentent la société au nom de laquelle ils portent la parole. L'accusation formulée par l'un d'eux est donc éteinte et ne peut être reprise par un autre. — De la part du prévenu, il y a identité de partie lorsque c'est la personne précédemment jugée qui est l'objet d'une nouvelle poursuite. Notons toutefois que l'autorité de la chose jugée peut s'étendre à des personnes qui n'ont pas été parties dans l'instance : par exemple, aux complices d'un fait jugé comme non punissable ou comme n'ayant pas été réellement perpétré (C. cass., arrêt 17 mars 1831).

Identité du fait. — Le fait sur lequel il y a eu jugement ne peut être l'objet d'une nouvelle accusation ; sinon, la règle *non bis in idem* serait méconnue.

Lorsque différents faits, même connexes, constituent des délits distincts et séparés, chacun d'eux peut être poursuivi séparément. Ainsi, l'accusé de banqueroute frauduleuse peut, après acquittement de ce chef, être accusé de banqueroute simple, parce que les éléments de ce délit diffèrent de ceux du précédent.

L'appréciation de l'identité des faits est fort délicate, car il arrive souvent que le fait qui forme un délit particulier n'est, en même temps, qu'un accessoire ou une aggravation d'un autre fait principal, d'un autre délit qu'il aide à caractériser. De là le point de savoir si l'acquittement sur le fait aggravé emporte virtuellement autorité de chose jugée sur le fait aggravant.

Un des maîtres de la doctrine, M. Faustin Hélie, énonce trois hypothèses dans lesquelles il reconnaît l'autorité de la chose jugée : 1° si les faits poursuivis ne sont que des circonstances accessoires du fait déjà jugé; — 2° s'ils sont la reproduction simultanée, antérieure à la première poursuite, d'un même délit; — 3° s'ils forment un des éléments indivisibles de ce premier délit.

1° *Circonstances accessoires d'un fait déjà jugé.* — L'acquitté, sur une accusation de vol ou d'attentat à la pudeur, peut-il être poursuivi

sur le fait isolé de violation de domicile, ou de
bris de clôture, ou de violence sur la personne,
lequel fait a été un des moyens d'exécution du
crime jugé ? — Non, répond l'illustre criminaliste, car, en isolant les faits que la loi a grou-
pés dans une même infraction, en brisant en
plusieurs parties un fait unique incriminé sous
telle qualification, l'action publique imputerait
à l'accusé des faits autres que ceux qu'il a
réellement commis ; elle le soumettrait, par
exclusion arbitraire de certaines circonstances
du fait principal, à une double épreuve, et le
contraindrait à se défendre sur certains éléments
d'un fait sur lequel il a été acquitté. Ce serait
la violation de la chose jugée. — Nous ne pouvons acquiescer à cette opinion. L'acquitté d'une
accusation de vol ou d'attentat à la pudeur peut
être poursuivi et condamné pour bris de clôture, ou violence à la personne, sans que les
deux jugements soient contradictoires. — Sans
doute, l'escalade et l'effraction sont des éléments
du vol qualifié, comme la violence est un élément de l'attentat à la pudeur, mais le caractère accessoire de ces faits ne leur enlève pas le
caractère propre qui leur appartient comme délits distincts, *sui generis*, et nous ne voyons au-

cune opposition d'idées entre la poursuite, à
raison de ces chefs d'infractions spéciales, et un
acquittement antérieur, à raison de l'attentat à
la pudeur ou du vol. De la réponse négative du
jury aux questions relatives à ces deux crimes
il ne résulte pas nécessairement que la question de violation de domicile, de bris de clôture ou de violence à la personne, ait été, même
indirectement, posée et résolue. Cette question
reste donc entière, et il n'y aurait violation de
la chose jugée que si l'acquittement était fondé
sur la non-existence des faits accessoires, ou s'il
était inconciliable avec leur existence.

Quant à l'objection tirée de ce que le caprice
arbitraire du ministère public, omettant certaines circonstances du fait principal pour en faire
l'objet d'une action séparée, soumettrait l'acquitté à une double épreuve, elle peut être facilement réfutée. Le ministère public n'a pas le
droit de faire sciemment cette omission; il est
tenu de rassembler tous les faits de l'incrimination sous le contrôle de la Cour et des autorités supérieures. Si l'acquitté est soumis à une
nouvelle épreuve, c'est qu'il sera accusé d'une
infraction nouvelle. Un accusé de meurtre suivi
de vol avait été acquitté sur l'accusation de

meurtre, et le jury n'avait pas cru devoir délibérer sur le vol. Poursuivi de ce chef (qui aurait
aggravé la peine du meurtre s'il eût été condamné), et une condamnation pour vol ayant
été prononcée, le coupable se pourvut en cassation, se fondant sur la violation de la chose jugée. La Cour suprême rejeta le pourvoi, par arrêt du 8 novembre 1838.

2° *Faits constituant la reproduction, antérieure
à la première poursuite, d'un même délit.* — La
soustraction frauduleuse de divers objets, effec-
tuée dans le même lieu et dans le même temps,
ou sans intervalle appréciable, ne forme qu'un
seul délit de vol, peu importe que les objets
soustraits appartiennent à diverses personnes.
La pluralité des objets et la division du préjudice n'opèrent pas pluralité d'infractions. D'où
il suit que l'omission, dans l'accusation, de
quelques-uns des objets, n'autorise pas à re-
nouveler la poursuite. Le fait a été purgé dans
son ensemble.

3° *Indivisibilité des faits constitutifs du délit.*
— Lorsque les faits incriminés sont tellement
liés l'un à l'autre, que l'acquittement sur l'un
implique nécessairement la non-existence de
l'autre, il y a chose jugée sur tous. L'accusé d'un

délit de concussion au moyen d'actes faux est acquitté, l'effet de ce jugement est d'empêcher la poursuite en faux, car il emporte l'innocence de l'accusé sur les moyens d'exécution relevés par l'accusation.

Une autre question, vivement controversée, s'élève au sujet de l'identité du fait. Le même fait matériel est quelquefois susceptible de diverses qualifications; il peut, suivant le rapport sous lequel on le considère, engendrer plusieurs délits : le fait de donner la mort peut constituer l'assassinat, le meurtre, l'homicide involontaire; — l'empoisonnement ou l'attentat à la pudeur peut constituer aussi l'avortement ou l'attentat aux mœurs. L'acquittement, sur le fait qualifié dans le premier sens, interdit-il une nouvelle poursuite sous une autre qualification ?

D'après le Code du 3 brumaire an IV, les jurés étaient interrogés et devaient prononcer sur toutes les diverses qualifications dont le fait matériel était susceptible, et chacune d'elles formait une question subsidiaire distincte, dont la position était expressément ordonnée par la loi. Ce système interdisait toute nouvelle poursuite à raison du même fait matériel.

Actuellement, sous l'empire du Code d'instruction criminelle, la mission du jury est circonscrite par les termes de l'arrêt de renvoi et de l'acte d'accusation. Ce sont ces pièces du procès qui seules déterminent la qualification du fait incriminé et la position des questions qui seront soumises au jury. Les articles 337, 338, 339 ne dérogent à cette règle que eu égard aux circonstances aggravantes non mentionnées dans l'acte d'accusation, et aux excuses proposées par l'accusé. Le jury n'est plus appelé à juger le fait sous toutes ses faces, mais seulement sous celle que lui présente l'accusation. Nous devons en conclure que l'ordonnance d'acquittement ou l'arrêt d'absolution ne purge pas les autres qualifications du fait exclues de la poursuite.

Cette interprétation, adoptée par la jurisprudence (C. cass., arrêt 30 juin 1864) et la plupart des criminalistes, est combattue par MM. Faustin Hélie, Achille Morin et Ortolan (*item* Merlin, *Rép.*, t. XV, n° 5). Ces auteurs se fondent sur ce que le président des assises a la faculté de poser au jury des questions subsidiaires; ils invoquent un argument d'induction tiré de l'article 365 du Code d'instruction crimi-

nelle, qui étend les attributions de la Cour d'assises même dans le cas où, d'après les débats,
le fait ne serait plus de sa compétence, et, de
cette faculté, de cette élasticité de pouvoir ils
concluent que la question qui, pouvant être posée subsidiairement, ne l'a pas été, ne peut plus
devenir l'objet d'une nouvelle incrimination.

Ce raisonnement par induction nous semble
forcé et inexact. Lorsque le président des assises,
dans le libre exercice de ses pouvoirs, omet de
présenter, sous la forme d'une question subsidiaire, une nouvelle qualification du fait, autre
que celle qui résulte de l'arrêt de renvoi, cette
omission ne peut faire préjuger l'abandon de ce
chef d'incrimination par les magistrats chargés
de la poursuite, et il n'est pas juste de dire qu'il
y a chose jugée sur un point qui n'a pas été l'objet de la délibération du jury et de l'arrêt.

Nos adversaires ajoutent que dans l'article 360
l'expression « *même fait* » doit s'interpréter dans
le sens large de *fait matériel*, comme dans l'article 246, qui impose à la chambre d'accusation
le devoir d'apprécier le fait sous toutes ses faces
et attribue à un arrêt de non-lieu l'effet de clore
toute prévention quelconque à raison de ce fait,
à moins qu'il ne survienne de nouvelles charges.

Ils refusent d'admettre que le même terme ait, dans ces deux textes, deux significations, et que le devoir du président des assises ne soit pas aussi étendu que celui de la chambre d'accusation.

On ne peut cependant méconnaître une différence entre les devoirs de ces deux autorités judiciaires : l'une chargée de qualifier l'infraction, l'autre d'interroger le jury sur cette infraction qualifiée. Est-il étrange, après cela, que le terme *même fait* soit susceptible d'une acception tantôt large, tantôt restreinte?

Peut-être l'inconvénient signalé, l'énervation de la justice pénale, est-il une conséquence de ce système; il est possible qu'en prévision d'une nouvelle poursuite, le jury faiblisse et soit disposé à une regrettable indulgence. S'il en est ainsi, revenons au système de brumaire an IV; mais alors le débat change de terrain : c'est une question de législation, non plus d'interprétation.

De quels actes résulte l'autorité de la chose jugée? — Cette autorité résulte :

1° Des *arrêts de non-lieu* de la chambre d'accusation. Bien que l'article 246 se réfère au cas de crime, il y a même raison de l'appliquer aux infractions correctionnelles et de simple police.

2° Des *ordonnances de non-lieu* du juge d'in-struction.

Dans ces deux cas, l'autorité de la chose jugée ne porte pas sur l'existence des faits ni sur leur qualification; elle est restreinte au mérite des preuves et indices que les magistrats ont été en état d'apprécier et sur l'insuffisance desquels il y a désormais jugement irrévocable. Une charge nouvelle pouvant établir la culpabilité du pré-venu enlèverait à l'arrêt et à l'ordonnance de non-lieu son autorité de chose jugée; mais la procédure est décidément terminée quant aux charges vérifiées.

3° Des *jugements ou arrêts par défaut ou par contumace prononçant l'acquittement ou l'absolu-tion*, qu'ils émanent des tribunaux de police, correctionnels ou d'assises. La représentation de l'accusé n'anéantit le jugement qu'autant qu'il est rendu contre lui (art. 476 C. inst. crim.), et l'article 360 ne distingue pas entre l'acquitte-ment contradictoire et l'acquittement par défaut.

Mais l'autorité de la chose jugée résultant d'une condamnation par défaut cesse par la re-présentation du condamné.

4° Enfin des *arrêts ou jugements de condamna-tion en dernier ressort*.

— Quel est l'effet de l'appel sur l'autorité de la chose jugée par les tribunaux correctionnels ou de police?

Il faut distinguer.

L'appel de la partie civile ne peut modifier ni la qualification des faits, ni l'acquittement, ni la peine; son influence est restreinte aux dommages-intérêts.

L'appel du condamné peut modifier le jugement en sa faveur, ou le confirmer, mais non l'aggraver.

Mais l'appel du ministère public (appel *à minima*) est *dévolutif*; il met à néant le jugement tout entier.

— Quant aux effets des pourvois en cassation ou en révision sur l'autorité de la chose jugée, il en sera traité au titre III, relatif à ces voies extraordinaires de recours.

§ III. — *Prescription.*

La prescription de l'action publique est d'ordre public. Elle repose sur ces considérations que, le temps effaçant les traces et le souvenir du délit, la justice, dépourvue de preuves certaines, courrait la chance de s'égarer, et que l'apaisement des alarmes et des inquiétudes excitées par le méfait enlève toute raison de sanction pénale, puisque cette raison consiste dans la nécessité de l'exemple et de la protection sociale.

La durée de la prescription est graduée eu égard à la gravité des actes et du souvenir plus ou moins persistant qu'ils laissent après eux :

Ainsi la poursuite d'un *crime* se prescrit par *dix ans* (art. 637).

Celle d'un *délit* se prescrit par *trois ans* (art. 638).

Celle d'une *contravention* se prescrit par *un an* (art. 640).

Cette règle n'exclut pas certaines prescriptions particulières, telles que celles de trois mois pour délits forestiers (C. for., art. 185); d'un mois pour délits de pêche fluviale (loi de 1829, art. 68); d'un mois pour délits ruraux (loi du 6 oct. 1791); de trois mois pour délits de chasse (loi du 3 mai 1844); de six mois pour délits de presse (loi du 26 mai 1819).

La prescription de l'action publique court à partir du jour où l'acte a été commis, et, pour les délits successifs, du jour du dernier acte délictuel. Par exception, pour les délits forestiers elle ne court qu'à compter du jour où ils ont été constatés, c'est-à-dire du jour de la clôture du procès-verbal (C. for., art. 185).

Quant à l'interruption de la prescription, il faut distinguer :

S'agit-il de crimes et délits, elle résulte de tous les actes d'instruction, tels que mandats, procès-verbaux, perquisitions, et de tous les actes de poursuite, telles que citations, réquisitions du ministère public. Cette interruption s'étend même aux personnes qui ne seraient pas l'objet direct de ces actes.

S'agit-il de contraventions, le jugement seul peut interrompre la prescription, c'est-à-dire qu'elle continue à courir pendant les délais de l'instance et jusqu'au jugement. Le tribunal doit donc statuer dans l'année de la contravention ou dans l'année de la notification de l'appel.

Le Code associe la prescription de l'action civile à celle de l'action publique. Il a semblé immoral et répugnant pour la conscience de permettre la constatation civile d'un fait coupable et d'en autoriser la répression par voie de justice, alors que la société est désarmée et impuissante à punir. Tandis que la victime d'un quasi-délit peut, suivant le droit commun, réclamer des dommages-intérêts pendant trente ans, le même acte, devenu délit par l'immixtion d'un élément criminel, restreint le droit d'action à dix ou trois ans, sans préjudice toutefois à l'action en revendication, qui reste étrangère au fait délictuel et qui appartient au propriétaire pendant le laps ordinaire de trente années.

Il résulte encore de cette assimilation que, la prescription de l'action publique étant d'ordre public, le juge doit l'observer d'office, et le délinquant peut s'en prévaloir en tout état de cause, lors même que la partie lésée, pour éviter sa déchéance, donnerait au fait dommageable la qualification de quasi-délit. De sorte que le défendeur, en restituant au fait pour lequel il est civilement actionné son caractère délictuel, en prouvant qu'il est réellement coupable et que la prescription du délit est achevée (preuve que le système du Code a pour but de repousser), échappe à toute condamnation! D'une part, interdire l'action civile après le délai de prescription de l'action publique; d'autre part, permettre au défendeur d'établir sa culpabilité pour conclure à la prescription, qui est d'ordre public, n'est-ce pas un cercle vicieux, une déplorable contradiction? Ne serait-il pas préférable de lais-

ser à l'action civile la prescription de droit commun, en élaguant du fait dommageable tout élément criminel ? Ce système, déjà appliqué en
matière d'amnistie, aurait l'avantage de concilier
la satisfaction des droits privés avec le respect de
la morale publique. Un arrêt de rejet de la Cour
de cassation (26 mars 1829) paraît l'avoir consacré en refusant au défendeur, civilement condamné pour un fait qualifié dol ou fraude, la
faculté de s'imputer une intention délictuelle et
d'invoquer la prescription. Toutefois nous devons citer, en sens contraire, un arrêt de la même
Cour, 22 mai 1864.

§ IV. -- *Amnistie.*

L'amnistie est l'abandon de l'action publique
ordonné par décret de l'empereur. Ce privilége
de la souveraineté a pour effet de mettre à néant
les faits incriminés, et, s'il s'exerce après une
condamnation, de l'effacer entièrement, de sorte
qu'elle ne compte pas pour la récidive. L'amnistie étant de sa nature un acte politique, l'am-
nistié ne peut la refuser et réclamer sa mise en
jugement en vue de faire preuve de son innocence, car tout droit de poursuite est éteint,

même contre les coauteurs et complices. Mais l'action civile et les droits acquis aux tiers subsistent.

L'amnistie ne doit pas être confondue avec la *grâce* : la première est l'oubli du passé, l'effacement du fait délictuel ; la seconde est la remise de la peine. Or, la remise de la peine laisse subsister la condamnation, ses conséquences quant à la récidive, son caractère flétrissant et les incapacités indépendantes de l'exécution de la peine.

Elle diffère aussi de la *réhabilitation*, qui se borne à relever pour l'avenir des incapacités résultant de la condamnation, après l'exécution de la peine ou l'obtention de la grâce (art. 619 et suiv. C. d'inst. crim. modifiés par la loi du 3 juillet 1853). La réhabilitation ne s'appliquait autrefois qu'aux condamnés à des peines dites infamantes, et qui, en raison de leur bonne conduite, pouvaient espérer la restitution des droits dont ils étaient déchus. La loi de 1853 a étendu ce bienfait aux condamnés à des peines correctionnelles qui emportent, comme les peines criminelles, des déchéances de droit.

SECTION III. — DE L'INFLUENCE SUR L'ACTION CIVILE
DES CAUSES D'EXTINCTION DE L'ACTION PUBLIQUE.

Nous avons dit que la mort du prévenu et l'amnistie ne portent aucune atteinte à l'exercice de l'action civile.

En est-il autrement de l'autorité des jugements criminels ? — Si la personne lésée s'est portée partie civile devant la juridiction criminelle, nul doute que le jugement intervenu ne fasse autorité sur la question de réparation, sauf appel, s'il y a lieu. Mais supposons que la personne lésée ne se soit pas constituée partie civile ; une distinction devient nécessaire :

S'agit-il d'un arrêt de condamnation ? — Il fait autorité pour l'action civile qui sera ultérieurement exercée, autorité limitée aux points formellement décidés, savoir : l'existence du fait dommageable et l'imputabilité de ce fait au condamné. Cette opinion se fonde sur les articles 3, 359, 463 du Code d'instruction criminelle et 1351, 198, 252 du Code Napoléon, et sur cette observation, que le ministère public, agissant au nom de tous, représente la partie lésée aussi bien que la société. La constatation du fait est un droit acquis pour tous les intéressés. Telle est la jurisprudence (arrêt de cassation du 7 mars 1855). Cette théorie du *defensor idoneus*, qui suppose toutes les parties ayant intérêt au procès représentées par le plaideur dont l'intérêt est prédominant, n'est pas nouvelle : le droit romain l'appliquait aux jugements contradictoires sur les questions d'état et d'hérédité testamentaire (L. 17, § 1, lib. V, tit. II, *De inoff. test.*, D.), et il la formulait dans ces termes énergiques : *jus ex sententia judicis fieri*. En dehors des matières criminelles, le droit français en fait application au jugement en désaveu et au jugement prononçant, à la requête du ministère public, la déchéance d'un brevet d'invention (loi du 5 juillet 1844).

S'agit-il d'un arrêt d'absolution ou d'une ordonnance d'acquittement, la simple déclaration de non-culpabilité laissant indécises les questions relatives à l'existence du fait matériel et à la participation de l'absous ou acquitté, ces questions, restées dans l'ombre, peuvent être soumises au jugement libre des tribunaux civils qui ne violeraient pas la chose jugée en faisant droit aux conclusions de la partie lésée. Les ordonnances et arrêts de non-lieu n'exercent sur l'instance civile aucune influence ; car ces actes ne statuent pas sur la non-existence du fait ; ils se bornent à reconnaître l'insuffisance des éléments actuels de l'instruction.

Les jugements correctionnels ou de police font autorité au civil sur l'existence du fait dommageable. Le prévenu a-t-il été condamné ? ou bien a-t-il été acquitté par le motif que le fait n'existe pas ou qu'il n'en est pas l'auteur ? Dans les deux cas, l'existence ou la non-existence du fait ne peut plus être mise en question (C. cass., arrêt 1er août 1864).

Quant à la prescription de l'action civile, nous savons qu'elle est subordonnée à celle de l'action publique, quelle que soit la juridiction devant laquelle elle s'exerce. Nous savons aussi que l'exercice de cette action ne produit pas interruption de la prescription de l'action publique, excepté : 1° lorsque la partie civile, formant opposition à l'ordonnance du juge d'instruction, saisit la chambre d'accusation (art. 135, inst. crim.) ; 2° lorsque la partie lésée cite directement le prévenu devant le tribunal correctionnel.

SECTION IV. — DE L'ÉPUISEMENT DE LA PÉNALITÉ.

L'épuisement de la pénalité éteint-il l'action publique ? Lorsque l'auteur de plusieurs délits, dont la plupart étaient inconnus au moment de la poursuite de l'un d'eux, a été condamné à une peine qui est la plus forte de toutes celles qui lui étaient applicables, l'action publique est-elle entièrement paralysée ? A première vue, on serait porté à adopter l'affirmative : l'action publique, ayant pour but de punir, a produit tout l'effet dont elle est susceptible. Puis la confusion des peines rend superflues des condamnations dont l'exécution serait d'avance frappée d'inertie. Mais si l'on observe que l'action publique a pour but, outre l'application de la peine, la constatation du délit et du délinquant ; que la flétrissure résultant d'une nouvelle condamnation n'est pas une sanction inutile et sans valeur morale ; qu'il importe au prévenu lui-même que son innocence suspectée soit reconnue et publiquement déclarée ; qu'enfin l'article 365 du Code d'instruction criminelle, interdisant le cumul des peines, suppose le cumul des condamnations ; on admettra que le droit d'action subsiste malgré l'épuisement de la pénalité.

SECTION V. — DÉLITS COMMIS HORS DU TERRITOIRE.

Chaque Etat a le droit de punir les actes illicites commis sur son territoire, quelle que soit la nationalité du délinquant; car la société, dont l'ordre a été troublé et la sécurité compromise, a besoin d'être protégée et rassurée. C'est en ce sens que la loi pénale est territoriale (art. 3 C. Nap.).

De cette idée trop exclusive, le Code de 1808, contrairement à notre ancienne jurisprudence, a conclu qu'il n'y avait pas lieu de punir en France :

1° Le crime ou délit commis en pays étranger par un Français contre un étranger;

2° Le crime ou délit commis en pays étranger par un étranger contre un Français ;

3° Le délit de police correctionnelle commis en pays étranger par un Français contre un Français.

Dans ces trois hypothèses, le défaut de protection des nationaux à l'étranger, l'impunité du coupable qui trouve en France un asile assuré, malgré le scandale que cette impunité soulève, sont des vices indignes de notre législation.

Le méfait commis à l'étranger n'est répressible en France que dans deux cas : l'un relatif aux crimes contre les particuliers, l'autre aux crimes contre l'Etat.

Art. 7 : « Tout Français qui se sera rendu « coupable, hors du territoire de l'empire, d'un « *crime* commis *contre un Français* pourra, à son « retour en France, y être poursuivi et jugé, « *s'il n'a pas été poursuivi et jugé* en pays étran- « ger et si le Français offensé rend *plainte* contre « lui. »

Cette disposition suppose la réunion des circonstances suivantes :

1° Que l'acte soit un crime ; 2° que ce crime ait été commis contre un Français ; 3° que le coupable soit saisi en France ; 4° qu'il n'ait pas été poursuivi et jugé à l'étranger ; 5° que le Français offensé porte plainte. — Subordonner à tant de conditions la répression d'un acte criminel, n'est-ce pas une étrange indifférence ?

Le crime commis en pays étranger contre l'Etat et punissable en France est prévu par les articles 5 et 6.

Art. 5 : « Tout Français qui se sera rendu « coupable, hors du territoire de France, d'un « crime attentatoire à la sûreté de l'Etat, de

« contrefaçon du sceau de l'Etat, de monnaies
« nationales ayant cours, de papiers nationaux,
« de billets de banque autorisés par la loi,
« pourra être poursuivi, jugé et puni en France,
« d'après les dispositions des lois françaises. »

Art. 6 : « Cette disposition pourra être éten-
« due aux étrangers qui, auteurs ou complices
« des mêmes crimes, seraient arrêtés en France
« ou dont le gouvernement obtiendrait l'extra-
« dition. » (*Voir, fin du volume, la nouvelle loi
modifiant ces dispositions.*)

Pour l'application de ces textes, il importe de
déterminer ce qu'il faut entendre par le territoire d'un Etat. Ce terme ne comprend en général
que l'espace sur lequel un Etat est à la fois propriétaire et souverain. Cependant la réunion de
ces droits de propriété et d'empire n'est pas nécessaire pour l'exercice de la puissance pénale ;
il suffit du droit essentiel de la souveraineté.
A ce point de vue, le territoire national se pro-
longe au delà de ses limites effectives, tant sur
terre que sur mer.

Sur terre, il s'étend, sous le rapport du droit
de punir, au territoire étranger occupé par des
corps d'armées soit en marche, soit en station-
nement, soit en voie d'agression, de sorte que

l'autorité militaire peut réprimer les délits commis dans la sphère de son action, en tenant compte des droits de souveraineté de la puissance amie qui tolère le passage des troupes sur son territoire. Mais il ne s'étend pas à l'hôtel des ambassadeurs, agents diplomatiques ou consuls. Le privilége qui garantit leur personne ne garantit pas le lieu de leur résidence et ne peut l'affranchir des perquisitions de la justice locale à la recherche d'un crime dont ce lieu aurait été le théâtre.

Sur mer, le territoire national s'étend jusqu'à la distance que peut atteindre la plus forte portée de canon et qui prend le nom de *mer territoriale*. Il s'étend aussi aux vaisseaux de guerre, aux navires de commerce portant le pavillon de l'Etat. Les délits commis sur ces bâtiments sont traités comme s'ils étaient commis sur le territoire même du pays auquel ils appartiennent. Cette solution n'est pas douteuse, si ces bâtiments se trouvent sur une mer neutre ; mais s'ils se trouvent dans un port soumis à l'autorité d'une puissance étrangère, il importe de distinguer : Le délit est-il commis à bord d'un vaisseau de guerre étranger mouillé dans un port de France, quelle que soit la nationalité dès agents ou des victimes du délit, il sera considéré comme s'il était commis hors de France. — Est-il commis hors du bord, il sera considéré comme commis en France. — Principes appliqués réciproquement aux vaisseaux de guerre français mouillés dans un port étranger.

Quant au délit commis à bord d'un navire de commerce, dans un port de France, s'il n'intéresse que les gens de l'équipage et ne compromet pas la tranquillité du port, il est traité comme délit commis sur territoire étranger. Autrement, la juridiction française intervient.

Un mot sur l'*extradition*. — Il serait injuste que le malfaiteur pût se soustraire, par la fuite en un pays étranger, au châtiment de son crime et qu'il pût braver impunément la justice nationale par un simple changement de résidence. Le droit d'asile n'appartient qu'au malheur.

L'extradition est réglée par les rapports diplomatiques internationaux. Elle s'applique aux malfaiteurs réfugiés en pays étranger et qui sont réclamés par l'Etat sur le territoire duquel le délit a été commis; peu importe qu'ils soient nationaux ou étrangers, pourvu qu'ils ne soient pas de la nationalité du pays auquel l'extradition est demandée (lacune regrettable, puisqu'elle permet l'impunité). Si le prévenu est un étranger, il est d'usage de communiquer la demande d'extradition à l'Etat dont il dépend, lequel pourrait offrir de se charger de la poursuite du crime. En ce cas, le gouvernement du lieu du refuge peut, à son option, livrer le prévenu au pays dont il a troublé la sécurité ou à sa juridiction nationale.

L'Etat auquel s'adresse la demande d'extradition est libre d'examiner le titre et la nature de l'accusation et d'en apprécier le mérite avec la bonne foi qui doit présider aux relations internationales et à leurs intérêts mutuels.

Les crimes politiques ne motivent jamais l'extradition.

LIVRE I.

CHAPITRE I.

DE LA POLICE JUDICIAIRE.

La police est l'ensemble des mesures destinées à procurer le maintien de l'ordre et des services publics, le respect des propriétés, la sécurité des personnes. Elle s'exerce soit par des moyens préventifs et de surveillance, c'est la *police administrative*; soit par des moyens répressifs et de sanction pénale, c'est la *police judiciaire*.

ART. 8 : « La police judiciaire recherche les « délits et les contraventions, en rassemble les « preuves et en livre les auteurs aux tribunaux « chargés de les punir. »

Elle a deux attributions distinctes, l'*instruction* et la *poursuite*.

L'*instruction* consiste à rechercher les délits et

leurs auteurs, réunir les preuves et préparer tous les éléments de conviction.

La *poursuite* consiste à provoquer cette instruction, pour en présenter les résultats devant les tribunaux et conclure à l'application de la loi. Elle s'exerce donc avant et après l'instruction. Ce pouvoir de réquisition et d'action appartient aux magistrats composant le ministère public.

En vue d'assurer dans la recherche des preuves la plus grande impartialité et de garantir le prévenu contre des présomptions téméraires, le Code sépare ces deux ordres d'opérations. Il les confère à des autorités différentes, et, sauf le cas d'urgence pour flagrant délit, il rend les deux fonctions incompatibles.

Les articles 9 et 10 énumèrent les officiers chargés de la police judiciaire.

ART. 9 : « La police judiciaire sera exercée sous « l'autorité des cours impériales et suivant les « distinctions qui vont être établies :

« Par les gardes champêtres et les gardes fo-« restiers ; — par les commissaires de police ; — « par les maires et les adjoints au maire ; — par « les procureurs impériaux et leurs substituts; « — par les juges de paix ; — par les officiers de

« gendarmerie ; — par les juges d'instruction. »

ART. 10 : « Les préfets des départements et le
« préfet de police à Paris pourront faire person-
« nellement ou requérir les officiers de police
« judiciaire, chacun en ce qui le concerne, de faire
« tous les actes nécessaires à l'effet de constater
« les crimes, délits et contraventions et d'en li-
« vrer les auteurs aux tribunaux chargés de les
« punir. »

Enfin, le préfet de police à Paris peut exercer
ses fonctions sur tout le territoire de l'empire,
en vertu du décret du 30 novembre 1859 qui le
constitue directeur général de la sûreté publique,
sous l'autorité immédiate du ministre de l'intérieur.

CHAPITRES II, III, IV, V.

Nous réunissons ces divers chapitres du Code d'instruction criminelle pour présenter le tableau synthétique des fonctions du procureur impérial et de ses auxiliaires, lorsqu'il s'agit de constater et de poursuivre les crimes, délits, contraventions. Cette matière sera divisée en deux sections : la première traitera du mode de procéder en droit commun ; la seconde, du mode de procéder dans le cas exceptionnel de flagrant délit.

SECTION I. — MODE DE PROCÉDER DU PROCUREUR IMPÉRIAL ET DE SES AUXILIAIRES DANS L'EXERCICE DE LEURS FONCTIONS (ART. 11-61).

Les magistrats auxquels est confiée la procédure criminelle ont des attributions diverses, suivant la nature des infractions.

S'agit-il de contraventions de police, c'est aux commissaires de police, aux maires et adjoints, dans l'enceinte de chaque commune, qu'il appartient de les rechercher, d'en faire l'instruction et de les déférer aux tribunaux de police (articles 11, 13, 15).

Le même droit leur est conféré pour les contraventions rurales et forestières, en concurrence avec les gardes assermentés.

Ces gardes sont chargés spécialement de constater les délits et contraventions portant atteinte aux propriétés rurales et forestières. Leurs procès-verbaux font foi, savoir : ceux des gardes champêtres jusqu'à preuve du contraire ; — ceux des gardes forestiers jusqu'à inscription de faux. La nature de cette classe particulière de délits, qui se commettent généralement en temps de nuit, loin des habitations et en l'absence de témoins, explique et justifie l'autorité dont la loi revêt les procès-verbaux de ces agents. Il est regrettable qu'une telle sanction ne paraisse pas, dans la pratique, produire une efficace protection contre les déprédations et les pillages qui dévastent les récoltes et les forêts.

S'agit-il de crimes et délits ordinaires et non flagrants ? — C'est au procureur impérial et à ses substituts qu'en est confiée la recherche ; c'est à ces magistrats que doivent être portés les avis, plaintes, dénonciations, procès-verbaux, afin de les mettre en mesure de requérir l'in-

11

struction (art. 22, 29, 30, 31, 47, 54). — Résidant au chef-lieu d'arrondissement, le procureur impérial serait impuissant à cette tâche et ne pourrait embrasser de sa surveillance tous les points de ce territoire, s'il n'était suppléé par les juges de paix, officiers de gendarmerie, commissaires de police qui sont créés ses auxiliaires pour la constatation des crimes et délits, et qui sont, sous ce rapport, investis d'un droit interdit au chef du parquet, celui de procéder à l'instruction (art. 48).

Une fois informé, le ministère public met l'action publique en mouvement et requiert l'instruction. Là s'arrête son autorité. Sauf le cas de flagrant délit, il ne peut franchir cette limite. C'est au juge instructeur qu'il convient de faire les actes de procédure, entendre les déclarations des témoins, dresser les procès-verbaux, opérer les perquisitions, ordonner les arrestations, etc...

En séparant ces deux fonctions, la réquisition et l'instruction, en les attribuant à deux magistrats différents, le législateur s'est proposé de garantir le prévenu contre des mesures arbitraires et de satisfaire aux conditions d'une scrupuleuse impartialité.

L'article 61 (d'après la loi du 18 juillet 1856)

consacre ce principe : « Le juge d'instruction ne
« fait aucun acte d'instruction ou de poursuite,
« sauf les mandats d'amener ou de dépôt, qu'il
« n'ait donné communication de la procédure au
« procureur impérial, qui pourra en outre re-
« quérir cette communication à toutes les épo-
« ques de l'information, à la charge de rendre
« les pièces dans les vingt-quatre heures. »

En vertu de cette disposition, la responsabilité de la prévention repose à la fois sur le juge
instructeur et sur le chef du parquet qui ordonne et contrôle tous les actes de la procédure
et peut en prendre communication à toute époque.

SECTION II. — EXCEPTIONS AU DROIT COMMUN POUR L'IN-
STRUCTION ET LE JUGEMENT DU FLAGRANT DÉLIT. — LOI
DU 20 MAI 1863.

L'article 41 définit le flagrant délit (délit correctionnel ou crime), celui qui se commet *actuellement* ou *qui vient de se commettre.*

« Sont aussi réputés flagrants délits, le cas où
« le prévenu est *poursuivi par la clameur pu-
« blique* et celui où le prévenu est *trouvé saisi*
« d'effets, armes, instruments ou papiers faisant

« présumer qu'il est auteur ou complice, pourvu
« que ce soit *dans un temps voisin* du délit. »

Les conséquences du flagrant délit s'appliquent
encore lorsque, « s'agissant d'un crime ou d'un
« délit même non flagrant, commis dans l'inté-
« rieur d'une maison, le chef de cette maison
« requerra le procureur impérial de le constater
« (art. 64). »

Dans le cas de flagrant délit, les fonctions de
réquisition et d'instruction, dont nous avons signalé l'incompatibilité en droit commun, sont
au contraire confondues. L'urgence d'une information immédiate, l'intérêt qui existe à saisir
les vestiges du crime, les preuves en quelque
sorte manifestes et parlantes, confèrent au procureur impérial (art. 32, 33, 34, 35) et à ses
auxiliaires, maires, adjoints, commissaires de
police (art. 49, 50, 51, 52) tous les pouvoirs de
l'instruction. — De son côté, le juge d'instruction a le droit de procéder d'office, de sa propre
initiative, sans réquisition (art, 59, 60, 61). —
Aussitôt que la raison d'urgence a cessé, chaque
autorité rentre dans ses attributions hiérarchi-
ques et normales (art. 45).

Les autres conséquences du flagrant délit
sont :

Le transport sur les lieux des officiers de police judiciaire (art. 32, 34, 42, 43, 44) ; l'arrestation du prévenu sur mandat (art. 16, 40) ou même sans mandat (art. 106) ; — les visites domiciliaires (art. 86, 87, 88); — les saisies des armes, papiers, instruments (art. 35, 37).

Enfin, la loi du 20 mai 1863, en vue d'accélérer le jugement de certains délits correctionnels et de supprimer en cette matière la détention provisoire et l'accumulation des procès, a simplifié l'instruction des flagrants délits.

Art. 1. « Tout inculpé arrêté en état de fla-« grant délit pour un fait puni de peines correc-« tionnelles est immédiatement conduit devant « le procureur impérial qui l'interroge, et, s'il y « a lieu, le traduit sur-le-champ à l'audience du « tribunal. Dans ce cas, le procureur peut mettre « l'inculpé sous mandat de dépôt. »

Il faut entendre le terme *immédiatement, lato sensu,* car il est nécessaire d'accorder aux agents le temps de dresser procès-verbal et de conduire au parquet l'auteur d'un délit, qui peut-être a été commis à une grande distance du chef-lieu judiciaire.

Art. 2. « S'il n'y a point d'audience, le pro-« cureur impérial est tenu de faire citer l'in-

« culpé pour l'audience du lendemain. Le tri-
« bunal est, au besoin, spécialement convoqué. »

Les décisions que le procureur impérial est
autorisé à prendre varient d'après les circonstances : il peut ordonner la mise en liberté définitive de l'inculpé, si le fait est sans portée; ou
sa mise en liberté provisoire, ou le placer sous
un mandat de dépôt et le traduire à l'audience
sur-le-champ ou le lendemain. Enfin, si la question offre des difficultés d'appréciation, le renvoyer devant le juge d'instruction, qui rentre
alors dans ses fonctions régulières.

Art. 3. « Les témoins peuvent être verbale-
« ment requis par tout officier de police judi-
« ciaire ou agent de la force publique ; ils sont
« tenus de comparaître sous les peines portées
« par l'article 157 du Code d'instruction crimi-
« nelle. »

Art. 4. « Si l'inculpé le demande, le tribunal
« lui accorde un délai de trois jours au moins
« pour préparer sa défense. »

Le jugement n'est différé que sur la demande
formelle du prévenu qui est le seul appréciateur
de l'utilité d'un ajournement. La détention provisoire dépend donc uniquement de son option
personnelle.

ART. 5. « Si l'affaire n'est pas en état de rece-
« voir jugement, le tribunal en ordonne le ren-
« voi, pour plus ample information, à l'une des
« plus prochaines audiences, et, s'il y a lieu,
« met l'inculpé provisoirement en liberté, avec
« ou sans caution. »

Si le renvoi est prononcé pour complément
d'information, à quel magistrat doit-il être confié, au ministère public ou au juge d'instruction? Cette question de compétence est controversée. Nous pensons que le tribunal a pleine
liberté d'option entre l'un et l'autre magistrat,
vu le défaut d'une disposition expresse à cet
égard.

ART. 6. « L'inculpé, s'il est acquitté, est immé-
« diatement et nonobstant appel mis en li-
« berté. »

ART. 7. « La présente loi n'est pas applicable
« aux délits de presse, aux délits politiques, ni
« aux matières dont la procédure est réglée par
« des lois spéciales. »

Rendons hommage aux sentiments d'humanité qui ont inspiré cette innovation. Simplifier
la procédure, supprimer la détention préventive, précipiter le jugement lorsque le délit est
avoué ou d'une facile constatation, c'est, sans

aucun doute, un grand bienfait. Mais comment allier la rapidité de la procédure avec la maturité d'une décision réfléchie? Comment le ministère public pourra-t-il scruter les antécédents judiciaires du délinquant, lorsque celui-ci est inconnu et habite loin du chef-lieu? Les magistrats de département ne sont pas à proximité du casier central de la préfecture de police, ils n'ont pas la faculté de se renseigner par voie télégraphique. Ce sont là des obstacles à l'exécution large et satisfaisante de la loi [1].

[1] A consulter : le livre de M. Bertin, rédacteur en chef du *Droit*, intitulé *Des réformes de l'instruction criminelle*, et celui de M. E. Bertrand, intitulé *De la détention préventive et de la célérité dans les procédures criminelles en France et en Angleterre*.

CHAPITRE VI.

DES JUGES D'INSTRUCTION (ART. 55-90).

Fonctions. — Compétence. — Plainte. — Dénonciation.
Audition des témoins. — Aveu.

Ainsi que nous l'avons exposé, le système de notre Code d'instruction criminelle est un système mixte : l'inquisition pour l'instruction préalable, l'accusation pour le jugement. Les formes inquisitoriales des ordonnances de 1539 et 1670 ont donc été limitées à l'instruction destinée à saisir les traces du crime ; elles ne continuent pas jusqu'au jugement comme sous l'empire de ces ordonnances. C'est dans la discussion orale que le juge doit puiser les éléments de sa conviction. La présomption d'innocence protége l'accusé, la charge de la preuve incombe à l'accusation et la défense est contradictoire.

SECTION I. — FONCTIONS DU JUGE D'INSTRUCTION.

L'instruction préalable est confiée, dans chaque arrondissement, à un juge nommé pour trois ans, par décret impérial (loi du 18 juin 1856); les juges suppléants peuvent en être chargés. — Il y a deux juges d'instruction près les tribunaux divisés en trois chambres, vingt à Paris. Ils sont sous la surveillance du procureur général (art. 57, 280) et répondent de leur dol, concussion, déni de justice, fautes graves, dont la loi, par un excès de prudence, prévoit l'éventualité (art. 505 C. pr. civ., et 77, 112, 338 C. inst. cr.).

Leurs attributions générales consistent à dresser procès-verbal des faits délictuels; se transporter sur les lieux; opérer des visites domiciliaires, perquisitions, saisies; recevoir les plaintes et dénonciations; procéder aux enquêtes; nommer des experts; décerner des commissions rogatoires; statuer sur les incidents de la procédure; ordonner les arrestations; interroger le prévenu; requérir la force publique; communiquer la procédure au ministère public; rendre des ordonnances de non-lieu ou de renvoi.

Les fonctions du juge d'instruction sont distinctes et séparées de celles du ministère public. Nous avons déjà signalé ce principe, qui fait de l'indépendance du juge la garantie du justiciable. Le ministère public requiert, le juge statue sur cette réquisition ; l'un provoque la mesure, l'autre l'exécute, sauf le cas de flagrant délit, où les deux fonctions sont confondues.

En règle générale le ministère public doit recevoir communication de tout acte de procédure avant la mise à exécution, afin qu'il puisse prendre ses réquisitions. Cependant cette formalité n'est pas toujours indispensable (art. 61, § 2). Elle l'est aux deux points extrêmes de la procédure, savoir avant l'information et avant l'ordonnance de non-lieu ou de renvoi ; mais dans le cours de l'instruction, le pouvoir du juge s'exerce sans entrave, le ministère public conservant la faculté de requérir telle mesure dont il apprécie l'utilité.

Le juge d'instruction n'est pas lié par le réquisitoire ; le caractère du fait, la marche à suivre sont abandonnés à sa discrétion et à sa responsabilité. Il exerce en quelque sorte un droit de contrôle sur la poursuite, pouvant réformer les actes de la police judiciaire (art. 60, § 2), entendre d'autres témoins que ceux indiqués dans le réquisitoire (art. 71), se transporter, même hors du cas de flagrant délit, sans réquisitoire préalable, mais accompagné du procureur impérial impuissant à s'opposer à l'ordonnance de transport. — Son pouvoir s'étend-il jusqu'à décerner un mandat d'arrêt ou de dépôt contre des prévenus non désignés dans la réquisition ? Nous le pensons (art. 61, § 2), car il est urgent d'empêcher la fuite d'un complice ou d'un co-auteur dont la culpabilité vient à se révéler dans le cours de l'information. D'ailleurs l'obligation de remettre les pièces au procureur impérial et d'attendre ses réquisitions, entraînerait des retards préjudiciables à la bonne administration de la justice ; mais, sans nul doute, l'incrimination de faits nouveaux et imprévus nécessiterait un nouveau réquisitoire.

Pouvoir de juridiction du juge d'instruction. — Il a le droit de statuer, comme tribunal investi d'une juridiction spéciale, tant sur les réquisitions du ministère public que sur les demandes de la partie civile et les exceptions du prévenu ; ses décisions prennent le nom d'*ordonnances*.

Ces ordonnances sont-elles susceptibles d'appel devant la Cour impériale, chambre d'accusation ? — Dans l'ancien droit, toute partie pouvait appeler des sentences préparatoires et, dans notre droit, cette faculté ne peut être contestée au ministère public (art. 34 et 80). — Quant à la partie civile, on induit de sa situation de par-

tie jointe au ministère public la faculté de profiter des mêmes voies de recours dans la limite
de ses intérêts privés (art. 116, 117, 135). —
Mais le droit d'appel du prévenu est très-con-
testé. On objecte que les ordonnances ayant un
caractère provisoire, ne jugeant pas au fond, ne
causant aucun préjudice actuel, l'appel du prévenu n'a pas de raison d'être ; qu'il est rationnel
d'appeler d'une sentence de condamnation, non
d'une mesure préparatoire ; que tel est le droit
commun en matière civile, à l'exception du chef
d'incompétence du juge (art. 451, 452 C. pr. civ.).

Cette objection ne paraît pas fondée, car il
serait difficile de méconnaître sérieusement le
préjudice moral et matériel qui résulte des ordonnances du juge. L'arrestation, les visites
domiciliaires, la saisie des papiers sont autant
de dommages irréparables, même par l'acquittement et dont la cessation immédiate est du
plus haut intérêt. Cette considération rend inap-
plicables en cette matière les principes de la
procédure civile. On objecte encore que la faculté de s'adresser au procureur général, supérieur hiérarchique du juge d'instruction, offre
au prévenu une garantie suffisante. On répond
que la défense ne trouvera pas près du chef du

parquet la protection efficace que lui assurent la discussion approfondie et la situation indépendante de la chambre d'accusation. D'ailleurs l'appel est de droit commun ; aucun texte formel n'en prive le prévenu, donc ce droit lui appartient (art. 539). Reconnaissons cependant que la jurisprudence restreint le droit d'appel du prévenu aux cas d'incompétence et de refus de liberté provisoire.

Cet appel est faussement qualifié *opposition* par l'article 135 ; il se forme par déclaration au greffe ; aucun délai n'est déterminé, car l'ordonnance n'étant ni contradictoire, ni signifiée, il n'y a lieu d'appliquer aucun des articles 135, 203, 296, 373. L'opposition (c'est-à-dire l'appel) peut donc se produire à toute époque de la procédure et jusqu'à sa clôture. Elle n'a pas d'effet suspensif (art. 301).

SECTION II. — COMPÉTENCE.

La compétence du juge d'instruction s'apprécie sous un triple rapport, savoir : d'après la nature du fait, d'après la personne du prévenu, d'après le territoire sur lequel le fait s'est produit. On peut donc en déduire trois sortes de compétences, tant pour l'instruction que pour la poursuite, la compétence *ratione materiæ*, la compétence *ratione personæ* et la compétence *ratione loci*.

§ I. — *Compétence* ratione materiæ.

Le juge a le droit d'instruire pour tous les faits qualifiés crimes ou délits, à l'exception des délits militaires, des contraventions de police et des contraventions administratives.

§ II. — *Compétence* ratione personæ.

Elle s'étend à toutes personnes, à l'exception des membres des pouvoirs politiques, des fonctionnaires publics, des membres de l'ordre judiciaire, des militaires de terre et de mer. A l'égard de ces personnes exceptées, le juge d'instruction constate le délit et en donne avis au corps qui doit autoriser la poursuite, formalité d'autorisation préalable qui suspend tous les actes ultérieurs de la procédure.

§ III. — *Compétence* ratione loci.

A ce point de vue, trois magistrats sont concurremment investis de la compétence, savoir : le juge du lieu du délit, le juge du domicile de l'inculpé et celui du lieu de la capture (art. 23, 63, 69). Le juge qui, le premier, a décerné mandat d'amener garde la compétence. En cas de conflit entre plusieurs magistrats poursuivant à la fois, la préférence est donnée à celui du lieu du délit, afin de mieux satisfaire au principe d'une réparation exemplaire et d'une exacte vérification des faits. Toutefois l'exercice de cette préférence dépendra d'un règlement de juges. C'est à la chambre d'accusation, si les juges saisis sont du ressort de la même Cour impériale, ou à la Cour de cassation, s'ils sont de ressorts différents, qu'il appartient de régler la compétence en s'inspirant des intérêts de la justice (art. 526, 540).

Le lieu du délit s'entend du lieu où le délit a été, non préparé, mais consommé. Pour les délits successifs, le lieu du délit se multiplie autant que les faits qui le perpétuent, en se produisant sur divers arrondissements, et le juge du lieu le premier saisi garde la compétence.

Le juge du domicile s'entend du juge de la résidence habituelle du prévenu au moment de la poursuite et non de celle qu'il avait au moment de la perpétration du délit.

Nous avons dit que le juge du lieu de la capture est aussi compétent. La justice pourrait être désarmée, si le juge du lieu où se trouve accidentellement le prévenu ne pouvait ordonner son arrestation et saisir les pièces de conviction.

Exceptions à la compétence ratione loci.

Une première exception résulte du cas où le crime est commis à l'étranger (art. 7). Dans cette hypothèse l'instruction appartient au juge de la résidence ou à celui du lieu de la capture.

Une seconde exception se présente lorsque les faits sont connus. Grouper en une seule main les fils séparés de procédures diverses, substituer l'unité à la division est un principe de raison et la garantie d'une justice éclairée. Ce besoin se fait sentir : 1° lorsque l'agent est inculpé de plusieurs délits, 2° lorsqu'au même délit ont concouru plusieurs agents, 3° lorsque plusieurs délits connus ont été commis par plusieurs agents.

1° *Agent unique inculpé de plusieurs délits.* — Il importe que le juge saisi de l'instruction du délit le plus grave réunisse entre ses mains celle des autres délits commis hors de son territoire, afin de mieux caractériser par ce faisceau la nature et la portée des infractions (art. 308).

12

2° *Pluralité d'agents d'un même délit.* — Le juge saisi de l'instruction contre l'auteur principal est compétent pour instruire contre les co-auteurs ou complices, lors même qu'il ne serait pas le juge du lieu du délit, ni celui de la résidence des complices (art. 501).

3° *Pluralité d'agents inculpés de délits connexes.* — Ils doivent être tous enveloppés dans la même procédure, quelque divers que soient les lieux des délits et les domiciles des prévenus (art. 526, 527).

Une troisième exception a lieu lorsque la cour de cassation, par des raisons de sûreté publique ou de suspicion légitime, renvoie la procédure à un juge d'instruction qu'elle désigne (art. 542).

Une quatrième exception est à signaler lorsque la cour de cassation, après annulation des jugements et arrêts, attribue l'instruction à un autre juge que celui qui a précédemment instruit (art. 427, 429).

Enfin une cinquième exception est prévue pour certains délits, savoir : en cas d'évasion de détenus, la compétence est au juge de la première poursuite (art. 518); en cas de délits commis par la voie de la presse, la compétence est au juge de la résidence ou à celui du dépôt des exemplaires (loi du 26 mai 1819, art. 12); en cas de délit d'insoumission des jeunes soldats, la compétence est au juge du lieu de la capture (loi du 21 mars 1832, art. 39).

La compétence du juge est un principe d'ordre public. D'où il suit que l'exception d'incompétence peut être invoquée en tout état de cause et tant que le jugement n'a pas acquis force de chose jugée.

Pourrait-elle être produite devant le juge d'instruction lui-même ? — L'article 539 confère au juge le droit et le devoir de statuer sur sa propre compétence, sauf appel à la chambre d'accusation. Cette disposition implique, sans aucun doute, le droit du prévenu d'élever l'exception devant le juge, mais ce droit doit être restreint au cas d'incompétence *ratione loci*, car l'article 69 ne prévoit que cette espèce d'incompétence. De la combinaison de ces deux textes, il ressort que l'exception d'incompétence *ratione personæ* ou *materiæ* doit être portée directement devant la chambre d'accusation et ne pourrait l'être devant le juge instructeur.

Régulièrement saisi de l'instruction, le juge n'a pas la faculté de se dessaisir, excepté : 1° lorsqu'il est informé que la procédure lui est enlevée par un règlement de juges, 2° lorsqu'il statue et reconnaît sa propre incompétence. Dans tous les cas, il lui est interdit de désigner le juge compétent.

SECTION III. — PLAINTE. — DÉNONCIATION.

La plainte est l'acte qui révèle à la justice l'existence d'un crime ou délit dont le plaignant a éprouvé un préjudice personnel.

S'il n'a éprouvé personnellement aucun dommage, l'acte est une dénonciation. Si le plaignant demande réparation, il doit s'associer à la poursuite en se constituant partie civile. Par cette constitution, il accepte, en cas d'insuccès, la responsabilité des frais. Il peut aussi, en s'abstenant du rôle de partie jointe, se réserver la juridiction civile après le procès criminel.

Pourrait-il, ayant saisi la juridiction civile de sa demande en dommages intérêts, l'abandonner et se joindre comme partie civile à la poursuite du ministère public devant le tribunal criminel? Oui, sans contredit, toutes les fois que la règle (tirée des art. 171 C. pr. civ. et 1351 C. Nap.) *electa una via, non datur recursus ad alteram* ne fait pas obstacle, c'est-à-dire lorsque

les deux actions ne sont pas identiques, ni quant
à l'objet, ni quant aux parties : ainsi le mari
peut conclure à des dommages-intérêts devant
le tribunal correctionnel, après avoir saisi le tribunal civil d'une action en séparation de corps
pour cause d'adultère. Mais le changement de
juridiction est interdit, si la demande qui doit
être portée accessoirement au criminel est iden-
tique à celle déjà introduite au civil.

La partie civile qui redoute et qui veut éviter
la condamnation aux frais, doit se désister dans
les vingt-quatre heures de sa déclaration et avant
le jugement (art. 66, 67), par acte signifié tant à
l'accusé qu'au procureur impérial. Mais ce désistement ne peut l'affranchir de la condamnation
éventuelle à des dommages-intérêts fondés sur
le préjudice que entraîne une plainte téméraire.

Remarquons, en effet, que les dommages-intérêts sont dus comme réparation civile (art.
1382, 1383 C. Nap.) au prévenu acquitté par un
tribunal de simple police ou correctionnel, lorsque le plaignant ou dénonciateur a commis la
faute grave de ne pas vérifier les faits par lui
allégués et qu'il est coupable d'une négligence
irréfléchie. Mais en cours d'assises, l'acquitté
ne peut réclamer cette réparation qu'autant que

la dénonciation est reconnue calomnieuse, c'est-à-dire entachée de l'intention de calomnier (art. 373 C. pén.). C'est pour cette raison que le procureur général est tenu de faire connaître à l'accusé ses dénonciateurs (art. 358 C. cr.). Au grand criminel la bonne foi du dénonciateur téméraire lui procure le bénéfice de l'irresponsabilité. On a pensé que la crainte d'une réparation civile priverait la société de la révélation nécessaire de crimes intéressant sa sûreté.

Quoique sollicités par la plainte, le juge d'instruction et le procureur impérial sont libres de n'y pas donner suite. La partie lésée peut, si elle le juge convenable, citer directement devant les tribunaux de police ou correctionnels, ou bien porter sa plainte à une magistrature plus élevée, au procureur général ou même à la Cour impériale.

La dénonciation provenant d'un fonctionnaire qui, dans l'exercice de ses fonctions, acquiert la connaissance d'un délit, peut-elle motiver une réparation civile au profit du prévenu acquitté ? Non, si le dénonciateur a agi de bonne foi et après vérification attentive des faits, car il a été trompé par une erreur irréprochable. Mais a-t-il agi avec un empressement téméraire, irré-

fléchi, sur de simples apparences faciles à dis-
siper ? Il peut être poursuivi en dommages-intérêts par la voie de la prise à partie (art. 505,
509 C. pr. civ.), et même par la voie correctionnelle, si le délit de dénonciation calomnieuse
peut lui être imputé (art. 373 C. pén.).

SECTION IV. — AUDITION DES TÉMOINS OU INFORMATION.

L'enquête est un des actes les plus fréquents
de l'instruction préalable ; elle prend en matière criminelle le nom d'information (art. 76).
Elle est *écrite et secrète*. Le secret se maintient
jusqu'à l'arrêt de la chambre d'accusation (art.
73, 302, 305). Toutefois le juge a la faculté discrétionnaire de communiquer la procédure au
prévenu.

Formes de l'information. — Le juge d'instruction rend une ordonnance ou cédule, indiquant
les témoins qu'il se propose d'entendre. Le procureur impérial est chargé de la mettre à exécution (art. 71).

Le témoin cité est tenu de comparaître (art.
80). — Il est entendu séparément, hors la présence du prévenu, de la partie civile et du ministère public (art. 73, 316). — En cas d'erreur,

d'omission ou de contradiction, le juge peut procéder à la réaudition ou récolement du témoin ; il peut aussi confronter le témoin avec le prévenu et les témoins entre eux.

Les déclarations sont reproduites textuellement dans un procès-verbal.

Toute personne doit à la société de déposer en justice des faits qu'elle a vus ou entendus, lorsqu'elle en est légalement requise. Il est cependant des circonstances, des considérations graves devant lesquelles ce devoir social doit fléchir, parce qu'on n'obtiendrait qu'un témoignage suspect ou odieux.

En conséquence, la loi prohibe l'audition de certains témoins pour cause de parenté, et crée pour certains autres des dispenses de témoignage.

Prohibition pour cause de parenté. — « Ne se-« ront ni appelés, ni reçus en témoignage les « ascendants ou descendants du prévenu, ses. « frères et sœurs ou alliés au même degré, la « femme ou son mari... (art. 156, 322). » Cette disposition édictée pour l'instruction orale et les débats publics de l'audience doit elle s'appliquer à l'instruction préalable? Non, car la prohibition n'est pas absolue ; elle confère aux parties le droit de s'opposer à l'audition, laquelle pourrait avoir lieu de leur consentement, et même malgré leur opposition, à titre de renseignement, en vertu du pouvoir discrétionnaire du magistrat. — Dans l'instruction écrite, la déposition d'un parent peut, sans doute, répugner à la conscience, mais elle est pure de scandale, car le procès-verbal est destiné à éclairer la prévention, non à servir d'élément au jugement définitif. Cette solution, observée dans la pratique, s'appuie sur l'article 33, qui ne doit pas être restreint au cas de flagrant délit.

Le juge d'instruction pourrait citer comme témoins les dénonciateurs et les plaignants, parce qu'ils ne sont pas parties au procès, et aucun texte ne s'y oppose, quelque suspecte que puisse être leur déposition.

Dispense. — L'intérêt public et la raison d'humanité veulent que les secrets confiés à certains dépositaires, par suite de leur profession, soient religieusement gardés. La discrétion, en ce cas, est l'accomplissement d'un devoir. En exigeant la révélation d'une confidence qui n'a été inspirée que par le besoin de secours et de protection, la loi imposerait presque une trahison, elle se mettrait en lutte avec la conscience et

compromettrait l'exercice des institutions tuté-
laires et charitables, dont la dignité intéresse la
société elle-même. Sous l'influence de ces considérations, la jurisprudence (à défaut de disposition expresse) a dispensé de témoignage : 1° les
médecins, chirurgiens, sages-femmes et phar-
maciens, 2° les ministres du culte, 3° les avocats,
avoués, 4° les notaires.

1° Les *médecins* etc. — La dispense est restreinte aux faits *confiés dans l'exercice de la profession et sous le sceau du secret.* — Il faut que
la confidence ait été nécessitée par l'exercice de
la profession et que le secret ait été réclamé sur
ce point; foi entière est due à la déclaration du
médecin affirmant que le secret lui a été imposé.

2° Les *ministres du culte.* — La dispense concerne les faits qui leur sont *confiés dans le secret
de la confession.* Mais elle ne s'étend pas aux faits
qui seraient parvenus à leur connaissance par
une autre voie que la confession, car le privilége couvre l'exercice de ce ministère et non
l'état ecclésiastique.

3° *Avocats, avoués.* — Recevant, comme le
prêtre, la confession des parties, ces fonctionnaires leur doivent un secret inviolable pour
tout ce qui intéresse leur défense. C'est à leur

conscience seule de fixer la limite de leur discrétion.

4° *Notaires.* — La dispense s'étend-elle à tous
les faits qu'ils ne connaissent qu'à raison de
leur profession, ou se borne-t-elle aux faits qui
leur sont révélés sous le sceau du secret? Cette
question est controversée : dans le premier sens
on invoque l'article 23 de la loi du 25 ventôse
an XI qui interdit communication des actes à
des tiers; interdiction qui embrasse les projets
et conventions antérieurs aux actes. On en conclut que les notaires doivent être dispensés de
déposer des faits inhérents à leur ministère. Mais
l'opinion contraire a prévalu devant la Cour de
cassation (arrêt 10 juin 1853). Pour qu'il y ait
dispense du témoignage, il faut, d'après cette
décision, que la partie ait recommandé le secret
et que le notaire affirme cette recommandation.
Sa parole fait foi.

SECTION V. — INTERROGATOIRE, AVEU.

L'interrogatoire a pour but, non pas d'arracher une révélation par la crainte, la menace ou
la surprise, mais de procurer au prévenu la faculté de s'expliquer, d'exposer les raisons de son

innocence, la situation dans laquelle il s'est trouvé et toutes les circonstances et présomptions qui peuvent contribuer à la découverte de la vérité.

En cette matière, plus encore qu'au civil, l'aveu est, en général, la preuve par excellence, *probatio probatissima*. Sous l'ancien droit, qui avait édifié le système impérieux des preuves légales, l'aveu ne faisait foi qu'autant que le corps du délit était constant et vérifié. Cette condition était, en quelque sorte, le contrôle d'une confession dont la sincérité pouvait être suspectée, *nemo auditur perire volens, vel turpitudinem suam allegans;* mais aussi, réuni à cette condition, l'aveu faisait pleine foi. Sous l'empire du Code, l'aveu n'a pas de valeur légale décisive; cette valeur dépend uniquement de l'appréciation du juge, qui est libre de former sa conviction d'après les impressions de sa conscience. Il n'est pas impossible, en effet, que l'aveu soit un acte de désespoir ou de dévouement, susceptible d'égarer la justice. Le juge doit donc se mettre en garde contre l'erreur, en rapprochant l'aveu des autres preuves qui résultent de l'ensemble du procès.

L'aveu est indivisible : si le prévenu avoue

qu'il a donné la mort en état de légitime défense, l'accusation ne peut l'atteindre qu'après
avoir prouvé la fausseté de l'assertion relative à
l'état de légitime défense.

L'interrogatoire est une série de demandes et
de réponses, et chacune d'elles peut constituer
un aveu distinct, indépendant.

CHAPITRES VII ET VIII.

DES MANDATS DE COMPARUTION, D'AMENER, DE DÉPÔT
ET D'ARRÊT.
DÉTENTION PRÉVENTIVE ET LIBERTÉ PROVISOIRE.

La détention préventive est le plus puissant moyen de l'instruction. « Il n'y aurait plus d'in-« struction, si l'inculpé, libre de toute entrave, « pouvait établir une lutte avec le juge, rendre « ses perquisitions stériles, anéantir les preuves, « solliciter ou dicter les témoignages et combi-« ner sa défense avec ses coprévenus. » (M. Faus-« tin Hélie, t. V, p. 748.)

La comparution et l'arrestation s'exécutent, en général, sur un ordre du juge d'instruction appelé *mandat*.

Les mandats se divisent en deux classes : 1° mandat de *comparution* et mandat d'*amener*, pour interroger la personne qui en est l'objet ; — 2° mandat de *dépôt* et mandat d'*arrêt*, pour détenir préventivement la personne présumée coupable d'un crime ou d'un délit emportant emprisonnement.

Le mandat de *comparution* est une assigna-
tion à se présenter, sans emploi de la force, à
l'interrogatoire du juge instructeur, qui aura
lieu de suite (art. 91, 93).

Mais si le prévenu n'est pas domicilié, ou si
l'infraction paraît devoir entraîner une peine
criminelle, ou enfin s'il n'obéit pas au mandat
de comparution, il est décerné contre lui mandat
d'*amener*, c'est-à-dire qu'il est contraint par la
force publique et doit être interrogé dans les
vingt-quatre heures.

Les mandats d'*arrêt* et de *dépôt* ne peuvent
être décernés qu'après interrogatoire, à moins
que l'inculpé ne soit en fuite. Ils consistent dans
l'ordre de conduire l'inculpé dans la maison d'arrêt, avec injonction au concierge de l'y écrouer.

Le mandat d'arrêt doit être précédé des conclusions du procureur impérial, énoncer le fait
imputé et citer le texte de loi qui le qualifie
crime ou délit. — Le mandat de dépôt n'est pas
astreint à ces formalités, il offre donc moins de
garantie. Cependant, pour accélérer la procédure,
la loi du 4 avril 1855 autorise le juge d'instruction à décerner, après interrogatoire, un
mandat de dépôt, et facultativement un mandat
d'arrêt.

Au reste « dans le cours de l'instruction, le
« juge pourra, sur les conclusions conformes du
« procureur impérial, et quelle que soit la na-
« ture de l'inculpation, donner mainlevée de tout
« mandat de dépôt, à la charge par l'inculpé de
« se représenter à tous les actes de la procédure
« et pour l'exécution du jugement. L'ordonnance
« de mainlevée ne pourra être attaquée par la
« voie de l'opposition (loi du 4 avril 1855). »

D'après ce qui précède, la détention préventive n'est appliquée que comme mesure de nécessité [1]. Le prévenu qui n'est pas domicilié,
qui n'est pas enchaîné par les intérêts d'une profession sédentaire, n'offre à la justice aucune
garantie de sa représentation. Cette garantie ne
se rencontre même pas dans le fait du domicile,
lorsque l'inculpation est grave, car en ce cas il
n'est pas probable que le soin de sa fortune et
de ses affaires puisse prévaloir sur l'intérêt de sa
sûreté personnelle. Il chercherait dans la fuite
l'impunité, et l'inexécution de la sentence compromettrait la dignité et l'efficacité de la justice,
si le magistrat n'était armé des moyens de prévenir ce danger.

---

[1] « Une exemption absolue de l'emprisonnement dans tous les
cas, écrit Blackstone, dans ses Commentaires sur les lois anglaises,

D'ailleurs, le droit d'ordonner la détention préventive, en dehors des cas d'application de la loi de 1863 sur les flagrants délits, est tempéré par la faculté qu'a le juge d'accorder la liberté provisoire, lorsque le fait n'emporte pas peine afflictive ou infamante, pourvu qu'il soit fourni caution solvable, dont le *minimum* n'est pas limité par la loi (décret du 24 mars 1848).

Ce bienfait n'est accordé qu'au prévenu qui pourrait être condamné à un emprisonnement correctionnel; le prévenu d'un délit qui n'est passible que d'une amende ne peut être détenu (art. 131), car, n'étant pas menacé de perdre la liberté par une condamnation, il ne doit pas en être privé dès le début de la procédure.

Il est regrettable qu'une pareille réserve n'ait pas été admise pour l'inculpé qui est menacé seulement d'une peine infamante et que notre Code, laissant à la discrétion arbitraire du juge d'instruction l'octroi de la liberté provisoire, n'ait pas, sous ce rapport, maintenu la disposition des Codes de 1791 et de l'an IV. Toutes les

est une chose incompatible avec toute idée de droit et de société politique; si cette exemption était admise, il serait impossible de protéger le droit et la société, et toute liberté civile serait insensiblement détruite. »

fois que l'infraction n'emporte pas une peine privative de la liberté, la détention préventive apparaît comme une mesure inique et odieuse, que les besoins de l'instruction ne peuvent justifier [1].

De ce que la liberté provisoire peut être accordée en tout état de cause, il suit qu'elle doit être demandée, quand le juge d'instruction est dessaisi, au tribunal correctionnel, puis, après le jugement, à la Cour saisie de l'appel, suivant les différentes phases du procès. En cas de pourvoi en cassation, il ne paraît pas possible, vu les fonctions exclusives de la Cour suprême, de s'adresser à une autre juridiction que le tribunal ou la Cour qui a prononcé.

Voir, fin du volume, les modifications introduites par la loi nouvelle.

[1] Nous rappelons, à ce sujet, le livre si attrayant de M. Laboulaye, *Paris en Amérique*.

CHAPITRE IX.

DES ORDONNANCES DES JUGES D'INSTRUCTION

QUAND LA PROCÉDURE EST COMPLÈTE.

(Art. 127-136, modifiés par la loi du 18 juin 1856.)

Sur les réquisitions du procureur impérial auquel la procédure a été préalablement communiquée, le juge d'instruction statue, c'est-à-dire rend une ordonnance de non-lieu ou de renvoi concernant le prévenu.

Avant la loi de 1856 il devait rendre compte de l'instruction à la chambre du conseil, formée de trois juges du tribunal d'arrondissement, parmi lesquels il était nécessairement compris. En substituant la décision du juge d'instruction à celle de la chambre du conseil, on s'est proposé de simplifier, d'abréger la procédure et de mettre fin à un abus généralisé dans la pratique : cet abus consistait dans la confiante adhésion des deux collègues à l'ordonnance préparée par le juge instructeur. Déjà en matière de crime, le Code (art. 133) attribuait au juge d'instruction la prépondérance dans la chambre du conseil, en n'exigeant qu'un seul avis pour

terminer le renvoi devant la chambre d'accusation. En supprimant la chambre du conseil, la
loi de 1856 n'a fait qu'entrer plus avant dans
cette voie. Le système inverse n'est cependant pas
dépourvu de raisons sérieuses; il aurait offert
plus de sécurité, plus de maturité pour la résolution. Il peut y avoir quelque témérité à trop
présumer de l'indépendance du jugement hu-
main et à réunir dans la même personne les dou-
bles fonctions d'instruction et de juridiction.

Quoi qu'il en soit, le juge instructeur juge lui-
même sa procédure.

Si, en fait, il n'existe pas contre le prévenu
des charges suffisantes, ou si, en droit, l'acte
n'est pas punissable, le magistrat rend une ordonnance de non-lieu et de mise en liberté.

Si, en fait et en droit, l'inculpé paraît coupable, le juge statue par une ordonnance de
renvoi devant la juridiction compétente, d'après
la qualification de l'infraction, savoir devant le
tribunal de simple police, de police correctionnelle, ou la chambre d'accusation, suivant qu'il
s'agit d'une contravention, d'un délit ou d'un
crime.

Remarquons que le juge d'instruction fait le
plus souvent partie du tribunal correctionnel

qu'il saisit par son ordonnance de renvoi et qu'il a, de la sorte, qualité pour concourir au jugement définitif, dont il a préparé les éléments. Cette confusion de pouvoirs ne semble pas présenter les conditions d'une rigoureuse impartialité ; sa raison d'être consiste, sans doute, dans la nécessité d'une économie budgétaire et la conscience du juge en efface, le plus souvent, l'inconvénient pratique.

Le prévenu d'un fait passible d'un emprisonnement correctionnel ou de peines afflictives ou infamantes sera mis ou continuera, après l'ordonnance de renvoi, à être maintenu en état de détention jusqu'à la décision du tribunal ou de la Cour impériale (chambre d'accusation).

Les ordonnances du juge (nous l'avons déjà dit p. 164) peuvent être attaquées dans les vingt-quatre heures *par l'appel* (art. 135) (le texte porte à tort *opposition*) devant la chambre d'accusation, savoir par le ministère public dans tous les cas ; par la partie civile dans tous les cas où l'ordonnance fait grief à ses intérêts, et par le prévenu seulement pour cause d'incompétence (art. 539) et pour cause de refus de liberté prévisoire sous caution (art. 114), d'après l'opinion qui paraît prédominante. — Jusqu'à l'expiration du délai d'appel (24 heures), l'exécution de l'ordonnance de mise en liberté est suspendue. Du reste cette ordonnance n'a pas un caractère définitif (art. 236), car de nouvelles poursuites pourraient être ordonnées par la Cour contre le prévenu relaxé, quand même de nouvelles charges ne seraient pas survenues. L'objection tirée de l'article 246 n'aurait aucune valeur, puisque ce texte ne vise pas l'hypothèse prévue par l'article 135.

LIVRE II.

DE LA JUSTICE.

—

PRÉLIMINAIRES.

Nous nous proposons d'exposer, dans ces préliminaires, le tableau sommaire des juridictions criminelles et les règles générales de leur compétence.

Aux trois classes d'infractions, contraventions, délits, crimes, correspondent trois classes de juridiction, les tribunaux de simple police, ceux de police correctionnelle, et les cours d'assises.

1° *Tribunal de simple police.* — Il est formé d'un seul juge, le juge de paix du canton (art. 140). Le maire, investi des mêmes fonctions dans chaque commune, en fait ne les exerce pas. — Le commissaire de police est, près ce tribunal, officier du ministère public (art. 144, 167).

2° *Le tribunal correctionnel.* — C'est le tribunal d'arrondissement qui consacre un certain nombre d'audiences au jugement des délits et des appels des jugements de simple police (loi du 27 ventôse an VIII, art. 6). Lorsque le tribunal se divise en plusieurs chambres, l'une d'elles est exclusivement chargée des affaires de police (à Paris, trois chambres 6ᵉ, 7ᵉ, 8ᵉ, ordonnance du 13 juillet 1837). Le procureur impérial ou son substitut occupe le parquet. L'appel est porté à la Cour impériale (loi du 13 juin 1856).

Par exception, le tribunal correctionnel juge certaines contraventions de simple police, savoir :

Toutes les contraventions forestières dans les bois soumis au régime forestier (bois de l'Etat, des communes, des établissements publics et ceux qui sont indivis entre ces personnes morales et les particuliers) et poursuivies par l'administration, pour soustraire le jugement de ces faits aux influences locales et simplifier le service des agents (art. 171, 190, C. for.);

Les contraventions de pêche fluviale (loi du 15 avril 1829, art. 48);

Les contraventions aux lois des contributions indirectes (loi du 25 ventôse an XII, art. 90);

Et *celles relatives à l'exercice illégal de la mé-
decine* (loi du 19 ventôse an XI).

Par exception également, il juge les *crimes*
imputés à un mineur de seize ans, lorsque le
prévenu n'a pas de complices au-dessus de cet
âge et que la peine encourue n'est pas une peine
perpétuelle, ni la détention.

3° *Cour d'assises.* — Cette haute juridiction
s'exerce par trimestre dans les départements et
par quinzaine à Paris, au chef-lieu de chaque
département, en général, ou en quelque autre
lieu, s'il y a utilité (art. 249), pour le jugement
des infractions qualifiées crimes (sauf l'exception
de l'art. 58 C. pén.). — Elle se compose de *jurés*
chargés de déclarer la culpabilité ou la non-culpabilité de l'accusé, et de *magistrats* chargés
d'appliquer la loi d'après le verdict du jury.

L'accusation est portée par le procureur général ou ses substituts, ou par le procureur impérial du lieu des assises.

La publicité des audiences pour toutes les juridictions est de principe. Toutefois, le huis clos
peut être ordonné pendant les débats par jugement ou arrêt motivé, dans l'intérêt de l'ordre
ou des mœurs. — En outre, il appartient aux
Cours et tribunaux d'interdire à la presse pério-

dique et aux journaux le compte rendu des procès pour outrages ou injures ou pour diffamation, lorsque la preuve des faits diffamatoires
n'est pas autorisée, ou pour délits de presse.
Les jugements et arrêts sont en dehors de cette
restriction (loi du 27 juillet 1849 et décret du
17 février 1852).

Compétence des juridictions. — Les questions
de compétence que nous avons traitées relativement au magistrat qui instruit se reproduisent
relativement au tribunal qui doit connaître de
l'infraction et la juger.

La compétence appartient concurremment,
pour les crimes, à la Cour d'assises, pour les délits, au tribunal correctionnel : 1° du lieu de l'infraction ; 2° du lieu du domicile du prévenu ;
3° du lieu de l'arrestation (par argument tiré
des règles de la compétence pour la poursuite et
l'instruction, art. 22, 63, 69, Inst. crim.).

En matière de contraventions, la compétence
est attribuée exclusivement au juge de paix du
canton où l'infraction a été commise (art. 139,
140, 166).

Ces règles souffrent d'assez nombreuses exceptions :

1° Lorsqu'après un arrêt de non-lieu, des

charges nouvelles sont produites hors du ressort de la Cour qui a prononcé, le prévenu résidant dans un autre ressort, la même chambre d'accusation a seule pouvoir pour connaître des charges nouvelles, parce qu'elle seule a droit de rapporter son précédent arrêt.

2° Tout tribunal peut connaître de l'infidélité et de la mauvaise foi dans le compte rendu de ses audiences (art. 16, loi du 25 mars 1822).

3° Les articles 409 du Code pénal, 482, 500, 214, 230, 427, 428, 429, 542 du Code d'instruction criminelle, et 18 de la loi du 20 avril 1810, contiennent d'autres cas d'exception qu'il serait trop long d'énumérer.

4° Lorsque des poursuites sont exercées contre plusieurs agents, à raison d'un même délit, il importe de grouper dans une même instance tous les auteurs ou complices (art. 226, 307, 501, 526, 527). Cette jonction de procédures que peut ordonner la chambre d'accusation est une déviation de la compétence.

5° Lorsque plusieurs poursuites sont dirigées contre le même agent de plusieurs délits, tous ces délits seront compris dans une même instance s'ils sont connexes, et la juridiction du tribunal qui en connaîtra sera prorogée.

TITRE I.

DES TRIBUNAUX DE POLICE.

CHAPITRE I.

DES TRIBUNAUX DE SIMPLE POLICE.
(Art. 137, 178.)

Nous savons déjà que ces tribunaux jugent les infractions qui peuvent donner lieu soit à 15 *francs d'amende ou au-dessous*, soit à *cinq jours de prison ou au-dessous*, qu'il y ait ou non confiscation des choses saisies et quelle qu'en soit la valeur.

Le tribunal de simple police est saisi par l'un des cinq modes suivants : la *citation* à la requête du ministère public ; la *citation* de la partie lésée ; l'*ordonnance* de *renvoi* du juge d'instruction ; l'*arrêt de renvoi* de la chambre d'accusation, et la *comparution volontaire* du prévenu.

Le délai pour comparaître est de vingt-quatre heures, plus un jour pour trois myriamètres. L'article 153 indique les formes de l'instruction orale :

« L'instruction sera publique, à peine de nullité.

« Elle se fera dans l'ordre suivant :

« Les procès-verbaux, s'il y en a, seront lus
« par le greffier.

« Les témoins, s'il en a été appelé par le mi-
« nistère public ou la partie civile, seront enten-
« dus, s'il y a lieu ; la partie civile prendra ses
« conclusions :

« La personne citée proposera sa défense et
« fera entendre ses témoins, si elle en a amené
« ou fait citer, et si elle est recevable à les pro-
« duire ;

« Le ministère public résumera l'affaire et
« donnera ses conclusions ; la partie civile
« pourra proposer ses observations ;

« Le tribunal prononcera le jugement dans
« l'audience où l'instruction aura été trouvée, et,
« au plus tard, dans l'audience suivante. »

Le Code précise avec soin les genres de preuves destinées à éclairer la religion du juge ; ce
sont l'examen des pièces de conviction, les rapports d'experts, les procès-verbaux de constat,
les témoignages (art. 154).

Remarquons, à ce sujet, que les règles sur
l'admission de la preuve testimoniale devant la

juridiction civile sont les mêmes devant la juridiction criminelle. Toutes les fois qu'une obligation d'une valeur excédant 150 francs a pu être constatée par écrit, la preuve par témoins ne sera pas reçue. Mais, lorsqu'il s'agit d'un fait dont il a été impossible de se procurer une preuve écrite, comme il arrive presque toujours en matière de crimes et délits, la nécessité impose la preuve testimoniale au civil comme au criminel (article 1348 C. Nap.).

Si le fait n'est pas punissable, ou si le prévenu en est reconnu innocent, le juge annule la citation et statue sur les dommages-intérêts.

Si le fait emporte une peine correctionnelle ou criminelle, il renvoie le prévenu devant le procureur impérial. L'instruction, égarée dans une fausse voie, sera ainsi redressée.

Si le fait est une contravention de police, dont le prévenu est reconnu coupable, le juge statue à la fois sur la peine, les restitutions, les frais et les dommages-intérêts.

Voies de recours. — Le jugement peut être attaqué par les voies ordinaires de recours, l'*opposition* et l'*appel*, et par la voie extraordinaire du *pourvoi en cassation.*

Opposition. — Si la personne citée ne comparaît pas, elle sera jugée par défaut. Mais elle pourra faire opposition dans les *trois jours* de la signification du jugement, outre un jour par trois myriamètres, soit par déclaration sur l'acte de signification du jugement, soit par notification. — L'opposition est réputée non avenue par la non-comparution de l'opposant à la première audience qui suit l'expiration des délais.

Appel. — L'appel est recevable lorsque le jugement prononce l'*emprisonnement* ou une *amende*, ou une *réparation* civile excédant *cinq* francs. Le délai d'appel est de *dix jours* depuis la signification du jugement, dont il suspend l'exécution.

Pourvoi en cassation. — Il est recevable contre les jugements en dernier ressort, dans les *trois jours* du prononcé, ou, si le jugement est par défaut, à partir de l'expiration du délai d'opposition (art. 373).

CHAPITRE II.

DES TRIBUNAUX EN MATIÈRE CORRECTIONNELLE.
(Art. 179-217.)

SECTION I. — INSTANCE DEVANT LE TRIBUNAL
CORRECTIONNEL.

L'article 179 détermine la compétence : « Les tribunaux correctionnels connaîtront de tous les délits forestiers poursuivis à la requête de l'administration et de tous les délits dont la peine *excède cinq jours d'emprisonnement* et *quinze francs d'amende.* » — Ajoutons qu'ils connaissent aussi de certaines contraventions (voir p. 200) et des crimes commis par un mineur de seize ans dans le cas de l'article 68 du Code pénal.

Le tribunal est saisi par l'un des cinq modes suivants :

La *citation* à la requête du procureur impérial (art. 182), — la *citation* à la requête de l'administration forestière, — la *citation* à la requête de la partie lésée, l'*ordonnance de renvoi* du juge d'instruction (art. 130), — et l'*arrêt de renvoi* de la chambre d'accusation (art. 230), quand elle reconnaît que l'infraction qualifiée crime n'est qu'un délit correctionnel.

Le délai pour comparaître est de *trois jours*, plus un jour par trois myriamètres. Les preuves des délits sont les mêmes que celles des contraventions.

L'article 190 indique le rôle des parties à l'audience et la forme des débats :

« L'instruction sera publique, à peine de nul-« lité; — le procureur impérial, la partie civile « en son défenseur; et, à l'égard des délits fo-« restiers, le conservateur, inspecteur ou sous-« inspecteur des forêts, ou, à leur défaut, le « garde général, exposeront l'affaire; — les pro-« cès-verbaux ou rapports, s'il en a été dressé, « seront lus par le greffier; — les témoins pour « et contre seront entendus, s'il y a lieu, et les re-« proches proposés et jugés; — les pièces pou-« vant servir à conviction ou à décharge seront « représentées aux témoins et aux parties; — le « prévenu sera interrogé; — le prévenu et les « personnes civilement responsables propose-« ront leurs défenses; — le procureur impérial « résumera l'affaire et donnera ses conclusions; « le prévenu et les personnes civilement respon-« sables du délit pourront répliquer.

14

« Le jugement sera prononcé de suite ou, au
« plus tard, à l'audience qui suivra celle où l'in-
« struction aura été terminée. »

Si le fait n'est pas punissable, ou si le prévenu
en est reconnu innocent, le tribunal annule
l'instruction et la citation et statue sur les dommages-intérêts.

Si le fait est reconnu une contravention de
police, les parties n'ayant pas demandé le renvoi
au juge compétent, le tribunal correctionnel
garde la cause, applique la peine de simple police et statue sur les dommages-intérêts.

Si le fait est un crime, le tribunal ordonne
l'arrestation du prévenu et le renvoi, devant le
juge d'instruction compétent.

SECTION II. — VOIES DE RECOURS.

Le jugement peut être attaqué par les voies
ordinaires de recours, l'*opposition* et l'*appel*, et
par la voie extraordinaire du *pourvoi en cassation*.

Opposition. — Le prévenu qui ne comparaît
pas ou qui, en comparaissant, refuse de se défendre, est jugé par défaut. — Le délai d'opposition est de *cinq jours* depuis la signification

du jugement, outre un jour par cinq myriamètres. — Il suspend l'exécution.

L'opposition doit être notifiée tant au ministère public qu'à la partie civile ; elle emporte
citation à la première audience, de sorte que la
non-comparution annule l'opposition.

Appel. — L'appel de tout jugement correctionnel est recevable devant la Cour impériale
du ressort (loi du 13 juin 1856).

Il peut être formé :

1° Par le prévenu ou les parties civilement
responsables ;

2° Par la partie civile, quant à ses intérêts civils seulement ;

3° Par l'administration forestière ;

4° Par le procureur impérial ;

5° Par le procureur général.

C'est pour faciliter l'exercice de ce droit, de la
part du chef du parquet de la Cour, que le procureur impérial est tenu, s'il ne forme pas appel, d'adresser, dans le délai de quinzaine, un
extrait du jugement au procureur général (art.
202).

Le délai d'appel est de *dix jours* depuis le prononcé du jugement, s'il est contradictoire, et
depuis la signification, s'il est par défaut ; outre,

en ce dernier cas, un jour par trois myriamè-tres.

Remarquons que, dans l'hypothèse d'un juge-ment par défaut, le délai d'opposition (*cinq jours*) et le délai d'appel (*dix jours*) ont le même point de départ, savoir : la signification du ju-gement ; tandis qu'en matière civile, le délai d'ap-pel ne commence à courir qu'à partir de l'expi-ration du délai d'opposition.

L'appel est formé par déclaration au greffe du tribunal qui a jugé, ou par requête signé de l'appelant ou de son fondé de pouvoir.

Par exception, le procureur général, ayant besoin d'étudier l'affaire pour se déterminer, exerce le droit d'appel *pendant un ou deux mois.* L'article 205 porte en effet : « Le procureur gé-« néral devra notifier son recours soit au pré-« venu, soit à la partie responsable, dans les « *deux mois à compter du jour de la prononcia-« tion du jugement,* ou, si le jugement lui a « été légalement notifié par l'une des parties, « *dans le mois du jour de cette notification,* sinon « il sera déchu. »

Le délai d'appel est suspensif d'exécution (en procédure civile, c'est l'acte d'appel ou d'oppo-sition, non le délai, qui suspend l'exécution du jugement). Cependant le prévenu acquitté sera mis en liberté si, dans les trois jours du prononcé, aucun appel n'a été déclaré ou notifié.

SECTION III. — INSTANCE D'APPEL CORRECTIONNEL.

Dans les vingt-quatre heures de la déclaration ou notification d'appel, toutes les pièces sont adressées au greffe de la Cour, et l'inculpé en état d'arrestation est transféré à la maison d'arrêt près cette Cour.

Ainsi que nous l'avons observé, l'appel du prévenu n'est pas *dévolutif*, il ne remet pas toute l'affaire en question ; la Cour ne peut augmenter la peine.

L'appel de la partie civile ne met en question que les dommages-intérêts ; mais l'appel *à minima* du ministère public anéantit le jugement tout entier.

Si l'arrêt d'appel est rendu par défaut, le défaillant peut faire opposition dans les forme et délai indiqués pour l'opposition devant les tribunaux correctionnels ; elle est réputée non avenue si l'opposant ne comparaît pas à la première audience, et l'arrêt qui interviendra sera définitif.

L'appel doit être jugé à l'audience dans le mois, sur le rapport d'un conseiller. Les débats ont lieu dans la forme et l'ordre prescrits par l'article 190. Toutefois nous devons signaler un usage particulier aux tribunaux jugeant en appel de simple police ou de police correctionnelle. L'audition des témoins en personne n'étant que facultative devant ce second degré de juridiction, aux termes des articles 175 et 209, l'habitude s'est répandue de juger d'après les notes tenues par le greffier des dépositions des témoins en première instance, de sorte que le jugement d'appel est en réalité un jugement sur pièces.

Si le fait n'est pas punissable, ou si le prévenu est reconnu innocent, le jugement est réformé et le prévenu mis hors de cause.

Si le fait n'est qu'une contravention de police et que les parties n'aient pas demandé le renvoi, le jugement est annulé et la peine appliquée.

Dans les deux cas, la Cour statue sur les dommages-intérêts.

Reconnaît-elle un crime dans le fait poursuivi, elle annule le jugement et renvoie le prévenu sous mandat de dépôt devant le magistrat compétent pour instruire, autre toutefois que celui qui a jugé ou fait l'instruction.

En annulant le jugement pour omission ou violation de formes légales, la Cour statue sur le fond (droit d'évocation).

SECTION IV. — POURVOI EN CASSATION.

Le jugement en dernier ressort du Tribunal correctionnel ou l'arrêt de la Cour peut être attaqué en cassation, dans les trois jours du prononcé, s'il est contradictoire (art. 216), et, s'il est par défaut, dans les trois jours de l'expiration du délai d'opposition (art. 373).

SECTION V. — DES RESTITUTIONS, DOMMAGES-INTÉRÊTS ET FRAIS.

Toutes les juridictions criminelles sont appelées à prononcer, soit en cas de condamnation, soit en cas d'absolution ou d'acquittement, sur les frais, les restitutions et les dommages-intérêts.

Restitutions. — Elles s'appliquent aux objets dont la partie lésée a été dépossédée. La soustraction dont elle a été victime n'a pas pu porter atteinte à son droit. Pour qu'elle en obtienne la restitution, il faut que le droit de propriété soit incontesté, et que la chose ait conservé sa forme, sa nature primitive, qu'elle n'ait pas subi un changement tel, qu'elle soit méconnaissable, *res nova*. Autrement la propriété aurait disparu comme la chose elle-même (*res extincta vindicari non potest*), et serait convertie en un droit de créance qui s'exercerait sur la chose transformée, devenue le gage commun de tous les créanciers du prévenu (art. 2093 C. Nap.).

S'agit-il d'un délit, le tribunal correctionnel ne peut ordonner la restitution que dans le cas de condamnation du prévenu (art. 161, 189 C. inst. cr.). En cas d'absolution ou d'acquittement, le propriétaire doit faire au greffe opposition à la remise des objets et les réclamer par la voie civile.

S'agit-il d'un crime, la Cour d'assises peut ordonner la restitution dans tous les cas, que l'accusé ait été condamné, acquitté ou absous (art. 336 C. inst. cr. et arrêt de la Cour de cassation du 21 février 1852).

Dommages-intérêts. — C'est la réparation du préjudice moral ou matériel résultant d'un délit ou quasi-délit (comme, en droit civil, de l'inexécution ou du retard dans l'exécution d'un contrat). La partie lésée ne peut les obtenir des tribunaux criminels qu'en se constituant partie civile et en posant ses conclusions. Elle-même s'expose à une demande semblable de la part du prévenu renvoyé de la plainte, si elle ne s'est pas désistée dans les vingt-quatre heures.

Si le prévenu est acquitté ou absous, le tribunal correctionnel n'est pas compétent pour prononcer des dommages-intérêts au profit de la partie civile, à moins qu'il ne résulte du jugement même d'acquittement ou d'absolution que le prévenu est l'auteur du fait dommageable (art. 212, 191, 202 C. inst. cr. et arrêt de cassation du 3 août 1855).

Mais la Cour d'assises est toujours compétente pour condamner l'accusé aux dommages-intérêts au profit de la partie civile, même en cas d'acquittement ou d'absolution; car la réponse du jury : « Non, un tel n'est pas coupable » n'implique pas généralement la non-existence du fait et la non-participation de l'accusé à ce fait; elle ne fait pas obstacle à l'appréciation de la Cour sur ce point (art. 358 C. inst. cr.).

Frais. — Le prévenu qui succombe dans la poursuite dirigée contre lui, ou la partie civile dans celle qu'elle a exercée, doit être condamné aux dépens du procès (art. 162, 194, 368 C. inst. cr.).

L'acquittement ou l'absolution du prévenu l'exonère.

Ce principe doit-il être maintenu dans le cas d'acquittement d'un mineur de seize ans, fondé sur le défaut de discernement?—On objecte que le fait étant constant, la poursuite était motivée, et qu'elle n'a échoué que par l'effet d'une circonstance imprévue, inhérente à l'auteur. Mais on répond que le fait n'étant pas juridiquement punissable, et l'innocence de l'accusé étant reconnue, la condamnation aux frais ne peut être justifiée.

Lorsque la partie civile obtient des dommages-intérêts, l'accusé étant acquitté ou absous, peut-elle être condamnée aux frais? peut-on dire que l'action publique par elle provoquée a été anéantie et qu'elle a réellement succombé dans sa demande? Nous pensons que ce serait faire une fausse interprétation de l'article 368. La partie civile n'a pas succombé, du moment qu'elle a obtenu la réparation civile, unique objet de sa demande.

La même solution doit être donnée dans l'hypothèse de la condamnation de l'accusé et de l'insuccès de la partie civile, quant aux dommages-intérêts. On ne peut pas lui reprocher la témérité de sa plainte, induisant l'État en dépenses frustratoires, puisque l'action publique a triomphé.

TITRE II.

—

CHAPITRE I.

DES MISES EN ACCUSATION.

La loi de **1791**, s'inspirant des procédures anglaise et américaine, avait créé un jury d'accusation formé, comme le jury de jugement, d'un certain nombre d'électeurs, et chargé de décider s'il y avait contre le prévenu des indices suffisants d'incrimination. L'expérience d'une vingtaine d'années environ démontra les vices de cette institution. Étrangers aux habitudes judiciaires, les jurés n'apportaient pas dans leur mission cet esprit d'investigation scrupuleuse qui permet d'apprécier la valeur de telle circonstance, de telle présomption, de percevoir les traces d'un méfait, de les suivre dans l'œuvre laborieuse de la procédure, et d'assigner à l'infraction son véritable caractère. D'autre part, investis accidentellement des fonctions de justice, ils cédaient fatalement à leurs impressions et même aux passions politiques dont leur pouvoir était issu. Le jugement calme et austère, condition d'impartialité, disposition morale que procure l'exercice fréquent d'une magistrature, leur manquait. Les intérêts de la défense, comme ceux de l'accusation, étaient également compromis. Frappé de ces défauts, le législateur de 1808 supprima le jury d'accusation et créa la *Chambre d'accusation*. Cette Chambre a été organisée successivement par la loi du 20 avril 1810 (art. 5), le décret du 5 juillet 1810, l'ordonnance du 20 octobre 1820 et celle du 5 août 1844.

La Chambre d'accusation est une section de la Cour impériale qui comprend trois Chambres et plus, suivant les nécessités du service : une pour les affaires civiles, une pour les mises en accusation, la troisième pour les appels correctionnels. Elle se compose de cinq conseillers, renouvelés chaque année par le roulement.

Le procureur général a la faculté de requérir la réunion de la Chambre des appels correctionnels à celle des mises en accusation, lorsqu'il estime que cette réunion est utile en raison de la gravité des circonstances ou du nombre des prévenus.

La Chambre d'accusation examine les pièces de l'instruction et statue sans entendre ni le prévenu, ni la partie civile. L'arrêt est rendu à la la majorité. Le partage équivaut à un arrêt de non-lieu.

Nous tracerons successivement ses attributions, les formes et conditions légales de ses arrêts, les pourvois contre ses arrêts, leur autorité, la procédure antérieure et la procédure postérieure à l'arrêt de renvoi.

SECTION I. — ATTRIBUTIONS DE LA CHAMBRE D'ACCUSATION.

Ces attributions sont de trois sortes :

1° La Chambre d'accusation a le droit de connaître de toute instruction relative à des faits qualifiés crimes (art. 133, 231), de prononcer la mise en accusation et d'ordonner le renvoi devant la Cour d'assises.

2° Comme juridiction d'appel, elle juge et peut réformer les ordonnances du juge d'instruction frappées d'opposition (art. 134, 539).

3° Exerçant un droit de surveillance sur toutes les procédures, elle peut étendre aux faits qui s'y rattachent la poursuite dont elle est saisie, ordonner une information, évoquer d'office l'instruction des affaires poursuivies devant les juges inférieurs (art. 228, 235, 250), ordonner enfin des poursuites non encore formées, en exécution de l'arrêt de la Cour impériale, rendu par toutes les Chambres réunies, conformément à l'article 11 de la loi du 28 avril 1810.

Lorsque la Chambre d'accusation, saisie par une opposition à l'ordonnance du juge d'instruction, annule cette ordonnance, à quel juge doit-on renvoyer la procédure? L'article 214, prévoyant le cas où la Chambre des appels de police correctionnelle reconnaît son incompétence, ordonne le renvoi à un juge autre que celui qui a fait l'instruction. Mais cette disposition doit être restreinte au cas prévu, parce que le premier juge a été dessaisi, tandis qu'il n'en est pas de même du juge dont l'ordonnance est infirmée sur opposition. L'annulation d'un de ses actes ne peut lui enlever compétence pour continuer la procédure dont il a conservé la direction.

La Chambre d'accusation doit indiquer, par son arrêt de renvoi, le tribunal ou la Cour d'assises qui devra juger le fait, d'après les règles de la compétence, c'est-à-dire le tribunal ou la Cour d'assises, compétent *ratione loci,* dans le ressort duquel la procédure a été régulièrement instruite. — Par exception, lorsque la Cour de cassation (art. 427, 429), à raison de l'utilité publique, saisit la chambre d'accusation d'une procédure instruite hors de son ressort, celle-ci, vu la limitation de sa compétence territoriale, est obligée de désigner un tribunal ou une Cour d'assises de sa circonscription (art. 432).

Lorsque la Chambre d'accusation annule l'instruction pour cause d'incompétence du juge qui y a procédé, elle doit ou évoquer l'affaire, ou la renvoyer devant le juge compétent, s'il est dans le ressort de la Cour. S'il est hors du ressort, elle doit s'abstenir de toute indication, autrement elle excéderait les limites de sa juridiction. C'est au ministère public qu'il appartient de pourvoir à l'exercice normal de l'action publique.

SECTION II. — PROCÉDURE ANTÉRIEURE A L'ARRÊT DE RENVOI.

Le procureur général, saisi des pièces de l'instruction qui lui ont été transmises par le procureur impérial, doit faire un rapport à la Chambre d'accusation, dans les dix jours au moins de

leur réception. La partie civile et le prévenu
ont la faculté de présenter un mémoire à l'appui de leur demande et défense dans le même
délai que le ministère public, sans pouvoir
exiger la communication de la procédure. Cette
communication est facultative d'après la jurisprudence (arrêt de la Cour de cass., 13 août 1863),
bien que cette solution soit controversée dans la
doctrine. Pour que le prévenu soit mis en mesure de produire son mémoire, il doit être averti
de la transmission des pièces à la Chambre d'accusation, mais non à peine de nullité.

Lorsque la Chambre d'accusation est saisie de
l'affaire par le rapport du procureur général
ou par une opposition à l'ordonnance du juge,
en vertu des articles 133 et 135, si elle ordonne
un supplément d'information, elle peut, à cet
effet, déléguer, à son choix, un juge de première
instance ou un de ses membres.

Lorsqu'elle est saisie d'office, en vertu de
l'article 235, elle ne peut déléguer qu'un de ses
membres. La procédure évoquée doit rester aux
mains d'un conseiller instructeur investi de tous
les pouvoirs du juge d'instruction. La procédure
étant complète, une ordonnance de *soit-commu-
niqué* la transmet au procureur général, qui

15

fait son rapport dans les *cinq* jours. Le conseiller instructeur participe à l'arrêt de la Chambre d'accusation.

La même procédure est suivie lorsqu'après un arrêt de non-lieu des charges nouvelles sont produites (art. 248).

En cas de délits connexes (art. 226), la Chambre d'accusation doit statuer sur tous par un même arrêt, si les pièces d'instruction relatives à ces divers délits lui ont été communiquées en même temps, et elle peut ordonner leur jonction. Un délit connexe à celui dont elle est saisie est-il poursuivi séparément, elle peut ordonner la jonction des deux poursuites et l'apport des pièces concernant le second fait, s'il s'instruit dans son ressort. — S'il s'instruit hors de son ressort, la chambre doit statuer, sans sursis, sur le fait dont elle est saisie. Elle n'est jamais tenue impérativement de prononcer la jonction des procédures; c'est une mesure qui dépend de sa libre appréciation.

SECTION III. — FORMES DES ARRÊTS DE LA CHAMBRE D'ACCUSATION.

La Chambre, par son arrêt, doit se prononcer sur tous les chefs de demande dont elle a été saisie, savoir : sur les chefs de prévention prévus par l'ordonnance du juge d'instruction, sur ceux du réquisitoire du procureur général et sur les chefs de demande et de défense présentés par les parties dans leurs mémoires.

La règle que tout jugement doit, à peine de nullité, exprimer les motifs qui l'ont déterminé (loi du 20 avril 1810, art. 7), s'applique aux arrêts de la Chambre d'accusation. Il suit de là :

1° Quant à l'arrêt de non-lieu, qu'il doit porter que le fait incriminé n'est pas punissable ou que les indices sont insuffisants;

2° Quant à l'arrêt qui rejette les réquisitions du ministère public, ou les conclusions de la partie civile et du prévenu, qu'il doit exprimer que les différents chefs de demande ne paraissent pas fondés en fait et en droit;

3° Quant à l'arrêt de renvoi, qu'il doit exprimer qu'il y a des charges suffisantes et que le fait incriminé est qualifié crime, délit ou contravention par la loi. Chaque chef des réquisitions doit être motivé (art. 231, 299).

L'arrêt de renvoi épuise la juridiction de la Chambre d'accusation et clôt la procédure écrite. Désormais, si des indices, des preuves nouvelles sont découvertes, c'est au président des assises qu'il appartient de les recueillir, de les joindre à l'instruction et de les produire aux débats (art. 301, 313).

L'arrêt de renvoi, pour un fait qualifié crime, contient *ordonnance de prise de corps,* mettant ou maintenant l'inculpé en état de détention.

SECTION IV. — POURVOIS EN CASSATION CONTRE LES ARRÊTS DE LA CHAMBRE D'ACCUSATION.

Causes des pourvois. — Quels arrêts en sont susceptibles. Quelles personnes peuvent les former. — Délai.

§ I. — *Causes des pourvois.*

Les recours en cassation contre les arrêts de la Chambre d'accusation sont fondés soit sur l'omission ou la violation des formalités prescrites à peine de nullité (art. 408, 234), soit sur des vices inhérents à l'arrêt même (art. 299). De là huit causes de nullité : 1° *qualification illégale des faits;* 2° *incompétence;* 3° *violation des formes de la procédure;* 4° *composition irrégulière de la Chambre d'accusation;* 5° *fausse interprétation de la loi;* 6° *rejet ou admission des exceptions proposées;* 7° *refus ou omission de statuer;* 8° *inobservation des formes.*

1° *Qualification illégale des faits.* — L'avis de

la Chambre sur l'existence ou la non-existence des faits est évidemment à l'abri de tout recours. Quand la Chambre juge que les indices sont ou ne sont pas suffisans, son appréciation est souveraine, nul n'a le droit de l'attaquer. Mais il en est autrement de la qualification juridique dont le fait est susceptible, c'est-à-dire de l'application de la loi au fait. Cette application est une question de droit qui peut être déférée à la censure de la Cour suprême.

2° *Incompétence.* — (Art. 408, 413, 416, 539.) Le recours pour incompétence a lieu quand la Chambre a prononcé sur une affaire dont elle ne devait pas connaître en raison des règles générales qui limitent sa compétence et que nous avons précédemment indiquées, ou lorsqu'elle a renvoyé à un tribunal incompétent.

3° *Violation des formes de la procédure.* — Lorsque la Chambre, au lieu de reconnaître les vices d'une procédure irrégulière et d'en ordonner la réformation, les consacre par son arrêt, l'article 408 autorise le pourvoi. Ce droit de recours est la sanction et la garantie de l'observation des règles de la procédure, qui ne peut être laissée à la discrétion arbitraire du juge d'instruction. Il est convenable que l'accusé qui, jusqu'à ce moment, n'a pas eu connaissance de la procédure, puisse, lorsqu'elle lui est communiquée, en demander le redressement et la cassation.

On considère comme des moyens de nullité les vices résultant de l'omission ou de la violation des formes essentielles soit aux droits de l'action publique (tels sont le refus ou l'omission de statuer sur les réquisitions du ministère public, ou l'annulation irrégulière des mesures provoquées par ces réquisitions), soit aux droits de la défense (telles sont l'arrestation du prévenu par suite d'une mesure illégale, ou la mise en accusation du détenu sans interrogatoire préalable).

4° *Composition irrégulière de la Chambre d'accusation.* — Il y a nullité lorsque l'arrêt n'a pas été rendu par le nombre de juges fixé par la loi, ou lorsque les juges qui l'ont rendu n'avaient pas qualité pour siéger à la Chambre, par exemple si, la Chambre étant déjà composée de cinq membres, un conseiller supplémentaire prend part à sa délibération, ou si, un membre du barreau étant appelé à suppléer un conseiller absent de la Chambre, l'empêchement des conseillers des autres Chambres n'a pas été formellement constaté (ordonnance du 5 août 1844).

5° *Fausse interprétation des lois.* — Outre la fausse qualification des faits qui constitue, nous l'avons dit, une question de droit, toute interprétation des lois, en général, par les jugements et arrêts relève de la Cour régulatrice et peut lui être déférée comme erronée (loi du 20 avril 1810, art. 7).

6° *Rejet ou admission des exceptions proposées.* — Il s'agit des exceptions qui suspendent l'action publique, savoir la plainte, l'autorisation préalable, les questions préjudicielles, ou qui l'anéantissent, telles que la prescription, la chose jugée, l'amnistie. Les arrêts sur ces exceptions tombent sous la censure de la Cour de cassation (art. 408).

7° *Refus ou omission de statuer sur les réquisitions du ministère public ou sur les conclusions des parties.* — C'est une violation des droits de l'action publique ou de ceux de la défense.

8° *Inobservation des formes.* — Il s'agit de la rédaction vicieuse de l'arrêt, par exemple s'il n'est pas motivé, s'il ne mentionne pas les réquisitions du ministère public, les noms des juges, ou s'il omet de décerner l'ordonnance de prise de corps.

§ II. — *A quels arrêts s'applique le recours en cassation.*

Conformément aux principes du droit civil, le pourvoi s'applique aux arrêts qui font autorité de chose jugée et qui, par conséquent, enchaînent le juge du renvoi. Lorsque la Chambre d'accusation saisit les tribunaux correctionnels ou de police de faits qualifiés délits ou contraventions, la qualification ne lie pas ces tribunaux ; l'arrêt, sur ce point, n'est pas susceptible de cassation. La Cour d'assises n'est pas non plus liée par la qualification de l'arrêt de renvoi et cependant, par exception aux règles ordinaires et par considération pour l'intérêt si grave de l'accusé, le pourvoi, de ce chef, est autorisé.

Sauf le cas d'incompétence, le recours n'est ouvert contre les arrêts purement préparatoires qu'après l'arrêt définitif (art. 416).

§ III. — *Quelles personnes peuvent exercer le pourvoi.*

Peuvent exercer le pourvoi :

1° Le procureur général (art. 296).

Ce pouvoir appartient-il également au procureur impérial qui est chargé de l'accusation lorsque la Cour d'assises n'est pas au chef-lieu de la Cour impériale ? La jurisprudence résout cette question négativement. Ce magistrat exerce, sans doute, près la Cour d'assises, les fonctions déléguées du procureur-général, mais, d'autre part, cette délégation est limitée à l'exécution de l'arrêt de renvoi. Les raisons tirées de l'ordre hiérarchique et de l'unité du ministère public s'opposent à ce que le procureur impérial attaque un arrêt rendu sur les conclusions de son chef judiciaire.

2° L'accusé a le droit de se pourvoir, s'il est détenu (l'art. 299 suppose l'arrestation), non s'il est contumax (art. 465).

3° La partie civile. — S'agit-il d'une ordonnance de non-lieu, le droit de la partie civile est nécessairement subordonné à la résolution que prendra le procureur général. S'il n'exerce pas le pourvoi, l'action publique étant éteinte, la partie civile ne saurait le faire revivre.

L'arrêt admet-il une exception préjudicielle, ordonne-t-il un sursis, la suspension de l'action publique arrête forcément l'exercice de l'action de la partie civile ; tout recours lui est interdit, car ce recours serait une usurpation du droit de poursuite.

S'agit-il d'un arrêt d'incompétence, le recours est ouvert à la partie civile, soit en cas de conflit (art. 529), soit en cas de règlement de juge, si elle a été appelée à donner ses conclusions (art. 531, 533), soit en cas de rejet de son exception d'incompétence (art. 539).

Telles sont les distinctions à observer relativement au droit de pourvoi contre un arrêt statuant en matière criminelle.

Lorsqu'il s'agit de matière correctionnelle et de police, l'article 413 porte : « Les voies d'an-« nulation exprimées en l'article 408 sont, en « matière correctionnelle et de police, respecti-« vement ouvertes à la partie poursuivie pour « un délit ou une contravention, au ministère « public, et à *la partie civile contre tous arrêts* « *ou jugements en dernier ressort*, sans distinction « de ceux qui ont prononcé le renvoi de la partie « ou sa condamnation. » — Cette disposition paraît devoir ne pas se restreindre aux jugements et arrêts rendus par les juridictions correctionnelles et de police, mais s'étendre aux arrêts de la Chambre d'accusation qui ont pour objet de régler la marche de l'instruction ou la compétence, et le pourvoi de la partie civile en ces matières aurait l'effet de conserver l'action publique sans laquelle ce pourvoi serait évidemment inefficace.

§ IV. — *Délai des pourvois contre les arrêts de la Chambre d'accusation.*

La loi a fixé deux délais différents pour les pourvois contre les arrêts de la Chambre d'accusation, l'un spécial aux arrêts de renvoi à la Cour d'assises pour l'une des causes prévues par l'article 299, l'autre général et s'appliquant à tous les autres arrêts.

Le délai général est de *trois jours* qui courent, pour le procureur général, du jour du prononcé de l'arrêt (art. 373); pour l'accusé et la partie civile, du jour de la notification. Ce délai se calcule à raison de trois jours francs, c'est-à-dire sans tenir compte du jour *à quo*, ni du jour *ad quem* : contre un arrêt notifié le 1er du mois, le pourvoi serait utilement notifié le 5.

Le délai exceptionnel, exclusivement relatif aux causes de pourvoi édictées par l'article 299, est de *cinq jours* pour l'accusé depuis l'avertissement à lui donné par le président des assises (art. 296, 298), et pour le procureur général, depuis l'interrogatoire de l'accusé par le même président ou depuis la notification de l'arrêt, si l'interrogatoire l'a précédé.

L'accusé qui n'aurait pas reçu l'avertissement précité n'est pas déchu du droit de recours. Il a la faculté de joindre son pourvoi contre l'arrêt de la Chambre d'accusation à celui qu'il dirige contre l'arrêt définitif de la Cour d'assises (art. 297).

Le calcul du délai spécial de cinq jours diffère du calcul du délai général de trois jours, en ce qu'on doit tenir compte du jour *ad quem*, contrairement à la règle : *dies termini non computatur in termino* : l'avertissement ou l'interrogatoire (suivant qu'il s'agit du pourvoi de l'accusé ou de celui du procureur général) a-t-il eu lieu le 1ᵉʳ du mois, le pourvoi n'est recevable que jusqu'au 6 inclusivement. Ce mode de calculer restreint à un jour la différence entre les deux délais.

La forme du pourvoi consiste dans une déclaration écrite au greffe (art. 373, 417).

Le pourvoi suspend l'ouverture des débats devant la Cour d'assises. Mais s'il est formé après le délai légal, ou même dans ce délai, après le tirage du jury, il n'a plus d'effet suspensif et il ne sera soumis à la Cour de cassation qu'après l'arrêt définitif (art. 301).

SECTION V. — DE L'AUTORITÉ DES ARRÊTS
DE LA CHAMBRE D'ACCUSATION.

L'arrêt de non-lieu, s'il n'a pas été attaqué ou
si le pourvoi a été rejeté, fait autorité de chose
jugée sur les charges qui ont été soumises à la
délibération de la Chambre. Cette autorité ne
tomberait que devant des charges nouvelles.

Il importe d'examiner quelle autorité s'attache aux arrêts de renvoi, relativement soit à la
compétence, soit à l'existence et à la qualification
des faits, soit aux exceptions et questions de
droit sur lesquelles ils statuent.

1° *Autorité de l'arrêt de renvoi relativement à
la compétence.* — La Chambre d'accusation a-t-
elle renvoyé l'affaire à un tribunal correctionnel
ou de police ? Cet arrêt est simplement indicatif,
non attributif de juridiction ; il ne s'impose pas
au tribunal saisi, car tout tribunal a le droit et
le devoir de vérifier sa compétence et de la dé-
cliner, si la cause paraît excéder les limites de ses
pouvoirs (art. 160, 182, 193).

En est-il autrement de l'arrêt de renvoi devant
une Cour d'assises ? — Oui, dit-on, car la Cour
d'assises, à la différence des tribunaux correc-

tionnels et de police, est investie d'une juridiction pleine et générale (art. 226, 365), et c'est
précisément parce qu'elle n'a pas le droit de dis-
cuter sa compétence, qu'aucune règle n'a été
tracée concernant la forme et le mode de cette
discussion. Si, par circonstance, les principes de
la compétence se trouvaient violés, cette violation
remonterait à l'arrêt de la Chambre d'accusation
qui pourrait être, après l'arrêt définitif, déféré à
la Cour de cassation. — Toutefois, cette opinion
ne doit pas être admise sans hésitation. D'éminents criminalistes la repoussent ; ils invoquent
l'article 408-qui permet d'attaquer tant l'arrêt
de renvoi que l'arrêt de la Cour d'assises, pour
omission ou violation des formes, et qui porte :
« Il en sera de même dans les cas d'incompé-
« tence. » — Ne semble-t-il pas résulter de cette
disposition que l'arrêt de renvoi n'a qu'une autorité contestable en matière d'incompétence,
qu'il n'est qu'indicatif de juridiction, même
pour la Cour d'assises ? A l'argument tiré de l'a-
vertissement solennel que reçoit l'accusé et qui
le met en demeure d'attaquer l'arrêt, garantie
qui n'est pas reproduite pour le prévenu d'un
délit, ils répondent que cet avertissement ne peut
augmenter l'autorité de l'arrêt et le modifier en

lui conférant le caractère attributif de juridiction qu'il n'avait pas auparavant. Enfin, ils contestent la plénitude de juridiction dont serait investie la Cour d'assises, et ils expliquent le pouvoir de cette Cour d'appliquer les peines correctionnelles au fait faussement qualifié crime, par la nécessité d'abréger la procédure au profit de l'accusé. D'ailleurs, en admettant pour la Cour d'assises cette prétendue compétence universelle de juridiction, faudrait-il en conclure que l'arrêt de renvoi fait autorité ? Non certes, car ce serait, non pas pour obéir à l'arrêt que la Cour d'assises garderait l'affaire, mais bien plutôt pour se conformer au principe même de son organisation. Aucun texte ne justifie ce pouvoir exceptionnel de l'arrêt de renvoi. Par conséquent, si la question d'incompétence est soulevée avant les débats, elle doit être jugée recevable et la Cour d'assises, comme les autres tribunaux, est pourvue du droit de délibérer sur sa propre compétence.

2° *Autorité de l'arrêt de renvoi sur les points de fait.* — La Chambre d'accusation ne peut statuer, en général, que sur des indices et des probabilités, les éléments de la certitude humaine qui résultent d'une discussion contradictoire lui font le plus souvent défaut. D'où il suit que sa décision sur l'existence ou la non-existence des faits, et aussi sur la qualification légale qui leur convient, ne peut faire autorité devant les juges du fond. Tel fait prévu comme contravention peut donc, à la lumière plus vive des débats, être reconnu un délit, tel autre, qualifié délit, apparaître avec les caractères du crime.

De là cette autre conséquence que le président des assises peut modifier, en raison des preuves fournies dans le cours de l'instance, la formule de l'arrêt de renvoi et même poser au jury des questions résultant de faits omis dans le dispositif de l'arrêt, pourvu toutefois qu'ils y aient été mentionnés, soit dans les motifs, soit dans l'ordonnance de prise de corps. — De là encore la disposition de l'article 338 qui autorise le président à interroger le jury sur les circonstances qui résultent des débats et qui n'ont pu être énoncées dans l'arrêt. Mais cette faculté d'asseoir sur des preuves nouvelles la réalité et le caractère du fait, ne confère pas aux juges du fond le droit de statuer sur des faits nouveaux, sur des faits autres que ceux qui sont compris dans l'arrêt de renvoi (art. 271, 361).

3° *Autorité de l'arrêt relativement aux exceptions proposées ou non proposées.* — Nous savons que de nombreuses exceptions, telles que le défaut de plainte, la nécessité d'une autorisation préalable, la chose jugée, la prescription, l'amnistie, etc., peuvent être soulevées devant la Chambre d'accusation, qui les admet ou les rejette. Il est possible que ces exceptions n'aient pas été proposées et que la Chambre n'ait pas statué à ce sujet. Quel est, dans ces différents cas, l'autorité de l'arrêt, suivant qu'il admet ou rejette l'exception ou qu'il n'a pas statué ?

1° L'arrêt admet l'exception proposée par la défense, telle que la chose jugée, la prescription, etc., c'est un arrêt de non-lieu : il fait pleine autorité relativement à l'exception admise, comme sur les charges et indices qui ont été examinées et reconnues insuffisantes. Toutefois, nous l'avons dit, la découverte de charges nouvelles permettrait de reprendre l'action momentanément suspendue (art. 246) pour insuffisance de preuves, tandis qu'elle serait sans influence sur l'exception précédemment jugée, à moins que les charges nouvelles ne soient de nature à renverser les fondements de cette exception : ainsi la prescription triennale pour un délit aurait vaine-

16

ment motivé un arrêt de non-lieu, s'il résultait des charges nouvelles que le fait sur lequel il a été statué est en réalité un crime.

2° Les mêmes observations sont applicables à l'arrêt qui rejette l'exception.

3° Les exceptions n'ayant pas été proposées, l'arrêt ne s'est pas prononcé à ce sujet. Le prévenu a-t-il le droit de les proposer devant les tribunaux saisis par l'arrêt de renvoi qu'il n'a pas attaqué ? Oui, si ces exceptions sont d'ordre public, car elles peuvent être présentées en tout état de cause et même suppléées d'office ; telles sont la prescription, la chose jugée, l'amnistie, l'interdiction de la preuve testimoniale, et toutes celles qui suspendent ou éteignent l'action par des raisons d'intérêt général. Le silence ou la renonciation du prévenu ne peut déroger aux conditions légales de l'action publique. Il en est autrement des exceptions introduites dans un intérêt purement privé, telle que la plainte préalable ; le prévenu est libre d'y renoncer, et cette renonciation résulte du défaut de pourvoi contre l'arrêt de renvoi qui couvre les violations des formes et les vices de la procédure antérieure.

CHAPITRE II.

Entre le prononcé de l'arrêt de renvoi et l'ouverture des assises, plusieurs formalités, les unes obligatoires, les autres facultatives, sont prescrites par la loi, savoir : 1° l'exécution de l'arrêt ; 2° la rédaction de l'acte d'accusation ; 3° la signification à l'accusé de ces deux pièces ; 4° l'avertissement donné à l'accusé du droit de se pourvoir contre l'arrêt ; 5° l'interrogatoire ; 6° la communication des pièces ; 7° l'audition de nouveaux témoins ; 8° la jonction ou la disjonction des poursuites.

1° *Exécution de l'arrêt de renvoi.* — Elle consiste à transmettre les pièces de la procédure et les pièces à conviction au greffe de la Cour d'assises désignée par l'arrêt ; — à transférer l'accusé dans la maison de justice établie près cette Cour. Ces deux actes doivent être exécutés dans les vingt-quatre heures de la signification de l'arrêt à l'accusé. En pratique, la translation pré-

cède la signification; — enfin, à donner avis
de l'arrêt de renvoi, tant au maire du domicile
de l'accusé qu'à celui du lieu du délit.

2° *Rédaction de l'acte d'accusation.* — C'est
l'œuvre du procureur général (art. 241). Cet acte
n'est soumis à aucun délai. Il doit indiquer
sommairement la nature du crime en question,
le fait et toutes les circonstances qui peuvent aggraver ou diminuer la peine. Conséquence de
l'arrêt de renvoi, il doit en être le reflet fidèle,
car c'est l'arrêt qui forme la véritable base des
débats, et qui détermine les questions qui seront discutées et posées devant le jury. Toute
erreur ou omission dans l'acte d'accusation serait facilement rectifiée ou réparée par le président des assises, en consultant l'arrêt de renvoi.

3° *Signification de l'arrêt de renvoi et de l'acte
d'accusation.* — L'arrêt de renvoi et l'acte d'accusation doivent être signifiés à l'accusé et copie
desdites pièces doit lui être laissée (art. 242) cinq
jours au moins avant l'ouverture des débats, à
peine de nullité (art. 296).

Si l'accusé est fugitif ou son domicile inconnu,
la signification s'opère dans les formes prescrites par les articles 68 et 69, § 8, du Code de
procédure civile.

On s'est demandé si la signification doit précéder l'interrogatoire à peine de nullité. La Cour de cassation semblait avoir admis l'affirmative, par arrêt du 2 avril 1812; mais, depuis cette époque, elle a jugé le contraire, en se fondant sur ce qu'aucune disposition de loi ne prononce la nullité de la notification postérieure à l'interrogatoire, pourvu que l'accusé jouisse du délai de cinq jours entre la notification et l'ouverture des débats, qui lui est accordé pour se pourvoir, par l'article 296 (arrêts du 4 janv. 1847, 4 juin 1864). Cette irrégularité dans l'observation des formes protectrices des intérêts de l'accusé n'en est pas moins regrettable.

4° Avertissement. — Le président de la Cour d'assises, en interrogeant l'accusé dans les vingt-quatre heures de son arrivée à la maison de justice, doit l'avertir qu'il a le droit de former un pourvoi en nullité de l'arrêt de renvoi dans les *cinq jours* qui suivent cet avertissement (art. 296). Un procès-verbal signé de l'accusé, du président et du greffier, constate cette formalité, dont l'inexécution suspendrait le délai du pourvoi.

5° L'interrogatoire. — Aussitôt son arrivée dans la maison de justice, ou dans les vingt-quatre heures, l'accusé doit être interrogé par le

président des assises, ou par le juge qu'il aura
délégué. Cet interrogatoire a pour but d'avertir
l'accusé de se choisir un défenseur, ou, sur son
refus, de lui en nommer un d'office, et de lui
procurer le moyen de donner toutes les explica-
tions utiles. Il permet en outre au juge interro-
gateur d'apprécier s'il y a lieu de procéder à une
instruction supplémentaire.

6° *Communication de l'accusé avec son conseil
et communication des pièces de l'instruction.* —
C'est après l'interrogatoire seulement (art. 302)
que le conseil peut communiquer avec l'accusé
et prendre connaissance de toutes les pièces, sans
déplacement. C'est seulement à ce moment que
l'instruction cesse d'être secrète. Les mesures à
prendre, relativement aux rapports de l'accusé
avec son conseil sont laissées à la discrétion du
président des assises et du procureur général,
dont les ordres devront concilier les nécessités
de la prudence avec les droits également respec-
tables de la défense et de l'humanité.

La communication des pièces met l'accusé en
mesure de connaître les moyens de preuve invo-
qués contre lui. Elle devrait s'opérer, il nous
semble, largement et sans restriction ; mais, par
une disposition peu généreuse, elle a lieu sans

déplacement. Les seules pièces dont copie soit délivrée sont celles des procès-verbaux de constat et des déclarations secrètes des témoins ; et encore, une seule copie pour tous les accusés, quelqu'en soit le nombre, sauf la faculté laissée à chaque accusé de faire prendre copie de toutes les pièces du dossier à ses frais.

7° *Audition de nouveaux témoins.* — Le président de la Cour d'assises, d'après l'article 303, peut entendre, s'il le juge utile, de nouveaux témoins ou, s'ils résident hors du lieu où se tient la Cour d'assises, déléguer, pour recevoir leurs dépositions, le juge d'instruction du lieu de leur résidence (arrêt de la Cour de cassation du 27 août 1840). Cette faculté d'entendre de nouveaux témoins n'exclut pas celle d'entendre des témoins qui auraient précédemment déposé ; car, chargé de l'instruction intermédiaire, le président des assises peut rechercher tous les témoignages susceptibles de préparer et d'éclairer les débats (arrêt du 22 avril 1847). Mais ce pouvoir n'appartient pas au procureur général (arrêt de cassat. du 27 août 1840).

8° *Jonction et disjonction des poursuites.* — L'article 307 porte : « Lorsqu'il aura été formé, « à raison du même délit, plusieurs actes d'ac-

« cusation contre différents accusés, le procureur
« général pourra en requérir la jonction, et le
« président pourra l'ordonner, même d'office. »
Cette jonction, limitée au cas de connexité, est
nécessaire pour la manifestation de la vérité et
la bonne administration de la justice. L'appréciation de cette nécessité est abandonnée au
pouvoir discrétionnaire du président de la Cour
d'assises, sur les réquisitions du ministère public, soit avant, soit après l'ouverture des débats. L'ordonnance de jonction est signifiée aux
accusés par huissier ou par le greffier de la Cour.

Peut-on ordonner la jonction de plusieurs
actes d'accusation dressés en même temps, contre
le même individu, à raison de crimes différents?
L'article 307 ne prévoit que le cas de plusieurs
accusés d'un même délit; mais le caractère non
limitatif de cet article autorise la jonction; cette
mesure permettra d'apprécier plus sûrement
la moralité de l'accusé. Observons, d'ailleurs,
que la loi ne parle ni du cas de plusieurs actes
d'accusation dressés contre le même individu
pour des faits non connexes, ni du cas de plusieurs actes d'accusation pour crimes connexes,
et cependant il est impossible que le Code ait,
dans ces hypothèses, prohibé la jonction. Il

laisse aux magistrats le soin d'ordonner, suivant les besoins de chaque affaire, la réunion ou la division des poursuites.

Disjonction. — Aux termes de l'article 308 : « Lorsque l'acte d'accusation contiendra plu- « sieurs délits non connexes, le procureur général « pourra requérir que les accusés ne soient mis « en jugement, quant à présent, que sur l'un ou « quelques-uns de ces délits, et le président « pourra l'ordonner d'office. » La disjonction peut être ordonnée, tant que les débats ne sont pas commencés, même après le tirage au sort du jury.

CHAPITRE III.

DE LA FORMATION DES COURS D'ASSISES.
(Art. 251 et suiv.)
(Correspondant au chap. II du tit. II du Code d'inst. crim.)

La Cour d'assises est une juridiction temporaire. Ses sessions ont lieu par trimestre ; celles
qui se tiennent dans l'intervalle sont dites extraordinaires. Paris a le triste privilége de la
permanence de la Cour d'assises, dont les sessions extraordinaires précèdent et suivent invariablement les sessions ordinaires.

Les assises se tiennent, en principe, au siége de
la Cour impériale pour le département où cette
cour est située [1], lors même que la résidence de
la Cour ne serait pas au chef-lieu de ce département [2]. Cependant un autre lieu du même

[1] Par exception, dix Cours d'assises se tiennent, séparées de
la Cour impériale, hors du chef-lieu administratif, savoir : à
Chàlons-sur-Saône (Saône-et-Loire), à Coutances (Manche), à
Charleville (Ardennes), à Carpentras (Vaucluse), à Reims (Marne),
à Saintes (Charente-Inférieure), à Saint-Flour (Cantal), à Saint-
Mihiel (Meuse), à Saint-Omer (Pas-de-Calais), à Montbrison
(Loire).

[2] Par exception, quatre Cours impériales résident hors du
chef-lieu départemental, savoir : à Douai (Nord), à Riom (Puy-
de-Dôme), à Aix (Bouches-du-Rhône), à Bastia (Corse).

département pourrait être exceptionnellement désigné par la Cour impériale, toutes Chambres réunies.

Une ordonnance du premier président ou un arrêt de la Cour fixe le jour de l'ouverture des assises, qui ne seront terminées que par le jugement de toutes les affaires qui y sont portées (art. 261). Le jour de l'ouverture est publié dans tout le ressort, ainsi que les noms des président et assesseurs.

La Cour d'assises se compose de deux éléments : la magistrature et le jury. Le jury est appelé à déclarer la culpabilité ou la non-culpabilité de l'accusé, la magistrature est chargée de l'application de la loi. On a dit aussi que le jury était juge du fait, la Cour juge du droit. Cette définition n'est pas exacte, car la question de culpabilité peut renfermer, comme nous le verrons plus loin, une question de droit sur laquelle le jury doit prononcer.

SECTION I. — MAGISTRATURE DE LA COUR D'ASSISES.

Les magistrats de la Cour d'assises sont au nombre de trois ; ce sont trois conseillers de la Cour impériale, si les assises se tiennent au

chef-lieu de cette Cour ; dans les autres départements, un conseiller est délégué pour présider
les assises, assisté soit de deux autres conseillers, soit de deux juges du tribunal de première
instance du lieu. Ces magistrats tiennent leur
pouvoir, c'est-à-dire leur mandat, du ministre de
la justice et, à son défaut, du premier président.
Ils ne peuvent être choisis parmi les juges ou
conseillers qui ont pris part à l'instruction ou à
la mise en accusation.— Les fonctions du ministère public sont exercées par le procureur général ou l'un de ses avocats généraux ou substituts et, lorsque les assises se tiennent hors de la
résidence de la Cour impériale, par le procureur
impérial près le tribunal de première instance
ou l'un de ses substituts.

SECTION II. — JURY DE LA COUR D'ASSISES.
(Loi du 4 juin 1853.)
(Correspondant au chap. V, titre II du Code.)

Jusqu'à la loi de 1853, les conditions d'apti-
tude aux fonctions de juré dépendaient de celles
du droit électoral ; tout électeur était juré. Actuellement cette relation n'existe plus. Le juré doit
offrir des garanties spéciales de capacité, de

moralité, qui justifient la haute mission dont il est investi.

Pour être juré, il faut avoir trente ans, jouir des droits politiques, civils et de famille, et n'être pas compris dans la classe des personnes exceptées par les articles 2, 3, 4 et 5 de la présente loi, pour incapacité, incompatibilité, exclusion ou dispense. A ces causes d'incapacité légale, il a paru convenable, en jurisprudence, d'ajouter certaines causes naturelles, comme la surdité et la cécité.

La réunion des douze citoyens qui forment le jury des assises résulte de trois opérations ayant pour objet de dresser une liste annuelle pour le service de toute une année, puis une liste de session pour le service de toute la session, puis enfin la liste de jugement pour chaque affaire.

Formation de la liste annuelle. — Le nombre des jurés qui la composent varie suivant le chiffre de la population du département; elle est de 500, 400 ou 300 noms (2,000 pour le département de la Seine). — Chaque année le nombre des jurés est réparti par arrondissement et par canton, proportionnellement au tableau officiel de leur population, en vertu d'un arrêté du préfet (première quinzaine d'octobre).

Cette répartition étant faite, le nombre assigné à chaque canton étant connu, il s'agit de désigner les citoyens qui y seront portés. Ce soin est confié à une commission cantonnale formée de tous les maires du canton réunis sous la présidence du juge de paix (première semaine de novembre). Cette commission dresse la liste préparatoire de la liste annuelle, en y inscrivant un nombre de noms triple de celui fixé pour le contingent du canton. Cette liste est adressée au sous-préfet.

A l'aide de toutes ces listes cantonnales, on forme la liste d'arrondissement. A cet effet, une nouvelle commission composée de tous les juges de paix de l'arrondissement, sous la présidence du sous-préfet, choisit sur les listes préparatoires (dans la quinzaine qui suit leur réception) le nombre des jurés nécessaires pour former la liste d'arrondissement, eu égard à la répartition préfectorale.

Une fois arrêtée, cette liste est envoyée au préfet.

Le préfet dresse immédiatement la liste annuelle du département sur les listes d'arrondissement.

A cette liste, et en prévision d'une circonstance que nous expliquerons, le préfet ajoute une autre liste également annuelle, *liste spéciale annuelle de jurés suppléants* pris dans la ville où se tiennent les assises, comprenant cinquante noms pour les départements, deux cents pour Paris. Ces deux listes sont transmises avant le le 15 décembre au greffe de la Cour ou du tribunal de la tenue des assises.

Liste de session. — Dix jours avant l'ouverture des assises, le président de la Cour ou du tribunal du lieu tire au sort, sur la liste annuelle, en audience publique, les noms de *trente-six* jurés, et, sur la liste spéciale des jurés suppléants, les noms de *quatre* jurés suppléants. — Voici la raison de ces deux tirages : le tirage au sort des *douze* jurés ne doit jamais s'opérer sur moins de *trente* noms. Or, si parmi les trente-six jurés convoqués pour la session, il y en a plus de six qui fassent défaut, le nombre restant est insuffisant; le tirage au sort sur ce nombre amoindri ne paraît plus offrir les garanties requises. C'est pour prévenir cette insuffisance qu'indépendamment des trente-six jurés qui auront charge principale du service de la session, il en est tiré quatre sur la liste spéciale des jurés suppléants, lesquels seront présents à la formation du jury pour chaque affaire, afin de servir, s'il en est besoin, à compléter le chiffre légal de trente.

Ceux qui sont ainsi appelés à compléter le nombre de trente jurés prennent, en ce cas, le nom de *jurés complémentaires.*

Le préfet notifie à chaque juré l'extrait de la liste qui constate que son nom y est porté, avec sommation de se trouver aux jour et lieu indiqués. L'accusé reçoit notification de la liste entière, en temps suffisant pour qu'il puisse se renseigner sur les jurés contre lesquels il aurait intérêt à élever des réclamations ou exercer des récusations.

Liste de jugement. — Au jour indiqué et pour chaque affaire, il est procédé au tirage au sort des douze jurés appelés à connaître du procès. Ce tirage a lieu avant l'audience, en chambre du conseil, en présence des jurés portés sur la liste de session, non excusés et non dispensés, et aussi en présence de l'accusé et du procureur général. A mesure que les noms des jurés sortent de l'urne, l'accusé premièrement ou son conseil et le procureur général peuvent les récuser, sans motiver leurs récusations. Le jury est formé à l'instant où il est sorti de l'urne douze noms de jurés non récusés. Les récusations s'arrêtent lorsqu'il ne reste dans l'urne que douze noms (art. 399, 400).

Il se pourrait que, pendant la durée du procès, l'un ou quelques-uns des douze jurés désignés vinssent à faire défaut par maladie ou autre cause. Il est pourvu à cette éventualité par le droit qu'a la Cour d'assises, en prévision de longs débats, d'adjoindre au jury des douze un ou deux jurés qui assisteront à toutes les audiences de l'affaire, mais ne voteront qu'en remplacement d'un juré titulaire empêché. On les nomme *jurés supplémentaires*.

On voit, d'après ce qui précède, que la liste de jugement, ou *tableau des jurés*, est le résultat de trois opérations, la première, administrative, les deux autres, judiciaires.

17

CHAPITRE IV.

Avant d'exposer les débats qui vont se produire devant la Cour d'assises, rappelons-nous les divers actes de procédure qui ont amené l'accusé en présence de ses juges : un crime a été commis; la plainte, la dénonciation ou toute autre circonstance l'a porté à la connaissance du ministère public; ce magistrat a requis l'instruction; le juge instructeur s'est transporté sur les lieux après cette réquisition, ou même d'office, si le crime est flagrant; il a ordonné par mandat l'arrestation de l'inculpé; il l'a interrogé; il a recueilli les indices, les présomptions, les pièces à conviction, le corps du délit; il a procédé à une information; il a dressé procès-verbal de l'instruction et l'a communiquée au procureur impérial. Sur les nouvelles réquisitions de ce fonctionnaire, il a ordonné le renvoi à la Chambre d'accusation. Saisie par cette ordonnance, les pièces lui étant communiquées, vu le rapport du procureur général et le mémoire facultatif du prévenu, la Chambre, après délibération, jugeant les charges suffisantes, a rendu un arrêt de renvoi accompagné d'une ordonnance de prise de corps. Par suite, les pièces de l'instruction ont été transférées au greffe du lieu de la Cour d'assises; l'accusé a été transféré dans la maison de justice établie près cette Cour; l'arrêt de renvoi et l'acte d'accusation lui ont été signifiés; le président de la Cour d'assises l'a interrogé et l'a averti du droit qui lui est imparti de se pourvoir dans les cinq jours contre l'arrêt de renvoi; pour la première fois le secret de l'instruction a cessé; l'accusé a reçu ou a pu prendre communication de toute la procédure antérieure et conférer avec son conseil; enfin la liste entière des jurés lui a été signifiée.

SECTION I. — DE L'EXAMEN.

§ I. — *Des débats, de l'audience criminelle.*

Au jour fixé pour l'examen de l'affaire, la Cour et les jurés prennent séance; l'accusé comparaît libre de toute entrave et seulement accompagné de gardes destinés à empêcher son évasion; il prend place en face des jurés et les débats s'ouvrent.

Le président interroge l'accusé sur ses noms, prénoms, âge, profession, domicile, lieu de naissance pour constater son identité; — chaque juré prête serment; le greffier donne lecture à haute voix de l'arrêt de renvoi et de l'acte d'accusation; — le procureur général expose le sujet de l'accusation, s'il le juge utile; — la liste des témoins tant à charge qu'à décharge est lue à haute voix; — l'accusé et le procureur général peuvent s'opposer à l'audition des témoins dont les noms, profession et résidence ne leur auraient pas été notifiés vingt-quatre heures d'avance.—Retirés dans la chambre qui leur est destinée, sans pouvoir conférer entre eux du délit et de l'accusé, les témoins sont appelés dans l'ordre indiqué par le procureur général et viennent déposer séparément et sous serment. Sont entendus en premier lieu les témoins à charge, ensuite les témoins à décharge; le greffier tient note des dépositions. Ne sont pas recevables les dépositions des ascendants, descendants, frères et sœurs, alliés aux mêmes degrés et du conjoint de l'accusé, ni celles de ses serviteurs. Le président pourrait ordonner que ces personnes seront entendues sans prestation de serment. La partie civile ou l'accusé peut interroger les témoins par l'organe du président; — il peut être ordonné qu'ils se retireront de l'auditoire, qu'ils seront entendus de nouveau, séparément ou par confrontation; — il peut être également ordonné qu'un ou plusieurs accusés se retireront avant, pendant ou après l'audition d'un témoin; mais l'accusé momentanément éloigné doit être instruit, avant la reprise des débats, à peine de nullité, de ce qui a été fait en son absence.

Après chaque déposition, le président lui demande s'il veut répondre à ce qui vient d'être dit contre lui. — Les pièces de conviction lui sont présentées, ainsi qu'aux témoins, et il est interpellé de répondre s'il les reconnaît.

Lorsque les moyens de preuve ont été produits et épuisés, le procureur général et la partie civile développent les charges de l'accusation; — l'accusé ou son conseil présente la défense, et, après les répliques respectives, le président déclare les débats terminés et résume l'affaire.

Ce magistrat, dans son résumé, doit faire remarquer aux jurés les principales preuves pour et contre l'accusé et leur rappeler la gravité des fonctions qu'ils ont à remplir.

Aussitôt après, il doit procéder à la position des questions, car c'est au président, non à la Cour, que cette opération délicate est confiée. Mais si quelque incident contentieux était soulevé à cet égard par les réclamations de l'accusé ou du ministère public, c'est à la Cour qu'il appartiendrait de le vider.

Les questions doivent embrasser tous les chefs d'incrimination contenus dans l'arrêt de renvoi, afin que l'accusation soit entièrement purgée et l'arrêt exécuté. C'est donc à cet arrêt de renvoi, dont l'acte d'accusation doit être la reproduction fidèle, que le président des assises doit se référer. Cependant s'il résulte des débats des circonstances aggravantes non mentionnées dans l'arrêt de renvoi (art. 338), elles devront être l'objet de questions spéciales. Mais pour qu'il en soit ainsi, il faut que lesdites circonstances se rattachent au fait actuel mis en accusation, qu'elles en soient une aggravation. Si ce sont des faits nouveaux, formant des délits distincts, ils devront motiver une instruction nouvelle et un nouvel arrêt de renvoi. La Cour d'assises serait incompétente pour les juger, n'ayant pas été régulièrement saisie.

Avant d'examiner les diverses questions qui

seront posées et l'ordre à suivre dans cette rédaction, nous devons signaler quelques observations sur l'article 337 ainsi conçu : « La ques-
« tion résultant de l'acte d'accusation sera posée
« en ces termes : L'accusé est-il coupable d'avoir
« commis tel meurtre, tel vol ou tel autre crime,
« avec toutes les circonstances comprises dans
« le résumé de l'acte d'accusation ? »

§ II. — *De l'autorité que la déclaration du jury exerce
sur l'action civile en dommages-intérêts.*

L'article 337 renferme évidemment une question complexe. Demander au jury *si un tel est
coupable*, c'est implicitement l'interroger sur
les points suivants : 1° *Tel fait est-il constant ?*
2° *L'accusé en est-il l'auteur ?* 3° *A-t-il agi volontairement ?* 4° *A-t-il agi avec l'intention de nuire ?*
Ce système d'analyse permet de connaître
avec certitude la pensée vraie du jury. Il peut
déclarer que le fait n'est pas constant ; — ou que
le fait est constant, mais que l'accusé n'en est
pas l'auteur ; — ou que l'accusé en est l'auteur,
mais qu'il n'a pas agi volontairement ; — ou enfin
qu'il a agi volontairement, mais sans intention
de nuire. En présence d'une déclaration aussi ex-

plicite, il est impossible qu'une contradiction se produise entre le verdict du jury et l'arrêt ultérieur de la Cour sur la demande de la partie civile.

Ce système était celui du Code de brumaire an IV. Pourquoi n'a-t-il pas été maintenu ? C'est que la division des questions en portait le nombre, dans certains cas, à un chiffre énorme, fatiguait l'attention, excédait les forces des jurés et provoquait des réponses contradictoires. Pour obvier à ces inconvénients, l'article 337 ordonne de poser une question unique : « Un tel est-il coupable ? » laissant à chaque juré, pour la résoudre, le soin de la décomposer et de la juger par fraction dans le travail de la méditation et le for intérieur de la conscience. La difficulté reste la même pour l'examen intime et individuel, mais la réponse est une et simple comme la question.

Toutefois, cet avantage de la simplicité, par la rédaction synthétique de la question, n'est pas toujours associé à la précision dans le sens de la réponse. Cette grave indécision, cette incertitude sur la signification nette et incontestable de la déclaration du jury, se présente très-fréquemment lorsque la déclaration est négative sur la culpabilité. On sait que la Cour d'assises statue seule, et sans l'assistance du jury, sur l'action civile. Lorsqu'après l'acquittement de l'accusé, elle est amenée, par les conclusions de la partie lésée, à prononcer sur les dommages-intérêts, elle n'est plus qu'un tribunal civil, elle n'a pas d'autre caractère, ni d'autre pouvoir. Elle ne peut chercher la base des dommages-intérêts que dans les faits qui ont été l'objet de l'accusation, et, comme la déclaration du jury est souveraine, la Cour d'assises ne peut remettre en question aucun des faits affirmés ou déniés par cette déclaration. Or, la réponse du jury : «Non, l'accusé « n'est pas coupable » ne s'explique pas, en général, et avec précision, *sur la non-existence du fait et sur la non-imputabilité du fait à l'accusé.* Qui ne voit dès lors que si telle a été cependant la pensée du jury, la Cour, en jugeant le contraire, en prononçant contre l'acquitté des dommages-intérêts, contredit le verdict et viole l'autorité de la chose jugée? Dans la plupart des cas cette violation est incertaine, car la déclaration négative du jury n'exclut pas la matérialité des faits, mais, par elle-même, la possibilité d'une atteinte à la chose jugée n'est-elle pas un péril qui justifie les reproches adressés au système que consacre l'article 337 ?

Toutes les fois que la déclaration du jury a laissé subsister les faits matériels, et que l'action civile a trouvé un appui dans ces faits, l'allocation des dommages-intérêts n'est pas inconciliable avec l'acquittement. Mais lorsque la contradiction peut être reconnue, soit que la Cour d'assises ait affirmé des faits ou des éléments de culpabilité déniés par le jury, soit qu'elle ait admis des circonstances implicitement exclues ou détruites, l'arrêt de la Cour est susceptible de cassation. Ainsi jugé par arrêts de la Cour suprême, 24 juillet 1841, 6 mai 1852, 7 mars 1855, 14 janvier 1860, 2 décembre 1861 et 7 mai 1864 (aff. Roux contre Armand).

Nous approuvons cette jurisprudence et nous ne pouvons adopter l'avis du savant professeur M. Ortolan (*Revue pratique*, t. XVII, p. 385), qui prétend que le jury n'a qu'une mission, celle de déclarer si l'accusé est ou non coupable, mais qu'il ne lui appartient pas de déclarer si le fait est constant et si l'accusé en a été l'auteur ; que cette question, jugée criminellement, ne l'est pas civilement, et, qu'à cet autre point de vue, elle peut être appréciée et résolue diversement par l'arrêt ou jugement civil, sans contradiction avec le jugement criminel, parce que chaque autorité,

en statuant sur l'existence du même fait, est
appelée à l'envisager sous un rapport différent.

Cette doctrine nous semble inadmissible. Lorsque le jury a déclaré, même implicitement, que
le fait n'existe pas, cette non-existence du fait,
constatée judiciairement, doit être acceptée par
toutes les juridictions (art. 1351 C. Nap. et art.
3 C. inst. cr.), sinon, il ne faut plus dire que la
déclaration du jury a l'autorité de chose jugée ;
cette autorité serait restreinte au caractère purement délictuel du fait, non à son existence
matérielle. Or, qu'on le remarque bien, la souveraineté du jury porte principalement sur la
constatation du fait en lui-même, qui est la base
fondamentale de sa décision.

M. Ortolan va plus loin : « Je suppose, dit-il,
« que le jury eût à répondre, comme cela se fai-
« sait sous les lois de la Constituante et de la
« Convention, à cette question: Le fait est-il con-
« stant? et qu'il eût répondu : « Non ; » même
« dans ce cas sa réponse ne signifierait pas que
« le fait n'a pas eu lieu. » — Eh ! bien, quelle
serait donc sa signification ? Vous prétendez qu'il
y a « une immense distance » entre une déclaration portant que le fait n'est pas *vrai* et une
déclaration que le fait n'est pas *constant*, n'est

pas prouvé. — Nous prétendons qu'il n'y en a pas ; qu'aux yeux de la justice, un fait n'*est vrai* qu'autant qu'il *est prouvé* et que, par conséquent, une déclaration portant qu'il n'est pas prouvé, équivaut à une déclaration portant qu'il n'est pas vrai. Sans aucun doute, un fait peut être vrai quoique non prouvé, et dans l'ordre naturel des choses, l'existence d'un fait est indépendante de sa manifestation et de sa preuve ; la faillibilité des jugements humains, l'incertitude de nos perceptions justifie cette proposition théorique ; mais c'est précisément pour réagir contre ses conséquences redoutables qu'a été créée la fiction de l'infaillibilité judiciaire. La chose jugée est une vérité, ou du moins elle doit être tenue pour telle. Lorsqu'un fait n'est pas prouvé et que l'autorité qui juge de son existence la nie, cette déclaration est une vérité légale que nul n'a le droit de contester et qui domine la réalité même, à ce point que le fait existât-il réellement, en eût-on des preuves ultérieures, il sera, quand même, judiciairement tenu pour non existant.

La doctrine de l'indépendance de la juridiction civile, par rapport à la décision criminelle, doctrine que nous combattons, conduit aux conséquences suivantes :

1° La déclaration du jury, reconnaissant l'accusé coupable, ne ferait pas obstacle au droit de la Cour d'assises de juger souverainement qu'il n'est pas dû de réparation à la partie civile, parce que le fait n'existe pas ou que, dans sa pensée, le condamné n'en est pas l'auteur.

2° Le même tribunal correctionnel étant saisi de l'action publique et ayant condamné le prévenu, puis étant saisi séparément de l'action civile, pourrait, puisqu'il n'est pas lié par la déclaration délictuelle, déclarer que le condamné n'est pas civilement responsable et débouter la partie lésée de ses conclusions. C'est contre cette théorie qu'est intervenu un arrêt de cassation du 1er août 1864.

3° Allons plus loin : supposons le tribunal correctionnel saisi à la fois de l'action publique et de l'action civile. Après la condamnation du prévenu, et lorsqu'il s'agit de statuer sur la demande en dommages-intérêts, le tribunal correctionnel rentre dans ses attributions de juge civil ; il jouirait donc, à ce titre, du privilége de n'être pas lié par la décision correctionnelle qu'il vient de rendre, en sorte qu'il pourrait déclarer que la demande civile n'est pas fondée, parce que, sous le second rapport purement civil, le fait n'existe pas. Serait-il impossible, en effet, qu'il usât de sa liberté intacte d'appréciation pour redresser, dans le dispositif du jugement relatif à l'action civile, l'erreur subitement reconnue de la condamnation correctionnelle?

Voilà à quels abus peut conduire la doctrine de l'indépendance des juridictions sur l'existence du fait.

Reconnaissons donc, avec l'arrêt du 7 mars 1855, que refuser à la déclaration du jury sur l'existence ou la non-existence du fait l'autorité de chose jugée, même à l'égard de l'action civile, serait créer « un antagonisme qui, en vue seu- « lement d'un intérêt privé, aurait pour résultat « d'ébranler la foi due aux arrêts de la justice « criminelle, et de remettre en question l'inno- « cence du condamné qu'elle aurait reconnu cou- « pable, ou la responsabilité du prévenu qu'elle « aurait déclaré n'être pas l'auteur du fait im- « puté. »

« Que l'action civile ne conserve son indépen- « dance vis-à-vis du prévenu acquitté que dans « le cas où la déclaration de non-culpabilité « n'exclut pas nécessairement l'idée d'un fait « dont le prévenu ait à répondre envers la partie « civile, en telle sorte que la recherche ou la

« preuve de ce fait ne puisse pas aboutir à une
« contradiction entre ce qui a été jugé au cri-
« minel et ce qui serait ensuite jugé au civil. »

§ III. — *Le jury peut-il être appelé à juger
une question de droit ?*

La formule de l'article 337 motive une autre
observation. Le jury est avant tout juge de l'existence matérielle et de la moralité du fait, mais
est-il chargé de décider si ce fait est un crime,
s'il constitue tel crime prévu par la loi ; est-il
juge, en un mot, de la qualification légale du
fait, juge d'une question de droit ? — Les termes
de l'article 337 autorisent une réponse affirmative, car il ordonne que la question soit ainsi
posée : « L'accusé est-il coupable d'avoir commis
tel meurtre, tel vol ou tel autre crime…..? » La
question, ainsi formulée, l'est en droit, non en
fait. L'expression *meurtre* définit l'homicide volontaire, l'expression *vol* définit la soustraction
frauduleuse de la chose d'autrui. De là il faudrait conclure que le jury est appréciateur de la
qualification technique, légale des faits.

Mais cette conclusion est contredite par l'article 342, qui invite les jurés à ne prononcer que

d'après leur intime conviction ; or, la certitude morale est indépendante de la science du droit. Puis les inductions tirées des articles 364, 365, 339, limitent la compétence du jury aux questions de fait. Aussi, dans la pratique, l'article 337 n'est pas le plus souvent appliqué ; la définition légale, c'est-à-dire l'énumération analytique des éléments constitutifs du crime, remplace l'expression définie. Cependant ce remède n'est possible qu'autant que la définition existe dans la loi. Si elle n'existe pas, comme dans le cas de viol, d'attentat à la pudeur avec violence, de séquestration illégale, etc., le jury sera par nécessité juge de la qualification légale du crime, juge d'une question de droit.

§ IV. — *Position des questions.*

Le président de la Cour d'assises doit poser les questions dans l'ordre suivant (cet ordre résulte, par induction, de la loi du 13 mai 1836 *sur le mode de vote du jury au scrutin secret*) :

1° *Le fait principal* avec les éléments constitutifs du crime ;

2° *Les circonstances aggravantes*, tant celles comprises dans l'acte d'accusation que celles qui

résultent des débats. Chacune de ces circonstances fait l'objet d'une question distincte (art.
338).

3° *Les excuses*, tant celles comprises dans l'acte
d'accusation que celles qui résultent des débats,
ou celles qui résultent des conclusions formelles
de l'accusé, à peine de nullité (art. 339, 340).

4° *La question de discernement* pour les mineurs de seize ans, à peine de nullité (art. 340).

5° *Les questions subsidiaires* dont le fait incriminé paraîtrait susceptible, en raison des différents aspects sous lesquels il a pu se présenter
dans le cours des débats.

Chaque fait principal peut motiver la même
série de questions.

Quant aux *circonstances atténuantes*, le président doit seulement, à peine de nullité, avertir
le jury du pouvoir qui lui est donné de se prononcer à cet égard ; mais la loi n'en fait pas l'objet
d'une question écrite, parce que si le jury n'admet pas de circonstances atténuantes, il n'a rien
à dire, tandis qu'une question écrite aurait appelé une réponse négative dont la déclaration
aurait eu contre l'accusé un caractère aggravant.

Ainsi rédigée, la liste des questions est remise
au chef du jury (le premier dont le nom est

18

sorti de l'urne), avec les pièces du procès autres que les dépositions des témoins. Les jurés se retirent dans leur salle, dont l'entrée est rigoureusement interdite, pour délibérer entre eux. Le secret n'est requis que pour le vote.

Le vote s'opère sous la direction du chef du jury, par bulletins écrits, remis fermés, et par scrutins distincts et successifs sur chacune des questions et sur celle des circonstances atténuantes que le chef du jury est tenu de poser, toutes les fois que la culpabilité de l'accusé a été reconnue (loi du 13 mai 1836, art. 1).

Le dépouillement du scrutin est fait par le chef du jury, en présence des jurés ; le résultat en est constaté en marge ou à la suite de la question résolue.

Les bulletins blancs ou illisibles sont interprétés en faveur de l'accusé.

Aussitôt le dépouillement de chaque scrutin, les bulletins sont brûlés.

§ V. — *Quelle majorité est requise pour la décision ?*

D'après l'article 347 « la décision du jury se « forme *à la majorité* tant *contre l'accusé* que *sur* « *les circonstances atténuantes.* »

Ainsi pour la déclaration de culpabilité, pour l'admission des circonstances aggravantes et même pour l'admission des circonstances atténuantes, il faut *sept voix* sur douze. — *Six voix* suffisent pour l'acquittement (et ne suffisent pas pour faire admettre les circonstances atténuantes), six voix encore suffisent pour l'admission de l'excuse et pour la déclaration d'absence de discernement chez le mineur de seize ans.

Le chiffre de la majorité requise pour la décision du jury a tellement varié depuis la Constituante, que l'histoire de ces variations serait trop longue; nous nous bornerons à quelques indications.

Le Code de brumaire an IV exigeait dix voix pour la déclaration de culpabilité. En l'an V, on adopta le système anglo-américain de l'unanimité, système difficilement praticable, qui impose à onze jurés, dont la conviction est la même, la nécessité de capituler avec l'opinion contraire et persistante du douzième, sous peine d'une délibération sans issue. Heureusement que la loi de l'an V ne voulait l'unanimité qu'à titre d'essai, pendant vingt-quatre heures; après ce délai, la simple majorité suffisait.

Sous le Code d'instruction criminelle de 1808,

si la culpabilité n'était reconnue qu'à la majorité de sept voix, il fallait que la Cour (alors
formée de cinq membres) entrât en délibération
et réunît son vote à celui du jury : la majorité
simple du total des voix suffisait contre l'accusé.
Système inconséquent, qui amenait une condamnation alors que la majorité de la Cour était
pour l'acquittement [1].

Pour effacer cette inconséquence, la loi du
21 mai 1821 statuait que l'acquittement serait
prononcé si la majorité des votes de la Cour y
était favorable. C'était enlever la décision au
jury.

En 1831, la loi veut huit voix pour la déclaration de culpabilité ; — neuf voix, en 1848.
Actuellement, la loi du 10 juin 1853, modifiant
l'article 347, requiert la simple majorité.

Dans toutes les questions qui ne se résolvent
qu'à la majorité, l'expression « *à la majorité* »
doit être écrite et prononcée par le chef du jury.
— Dans aucun cas le nombre de voix ne doit

---

[1] L'accusé est-il coupable ?

Jurés	7 oui,	5 non.
Conseillers	2 oui,	5 non.
Total	9 oui,	8 non.

Conclusion : Coupable !

être exprimé, pour ne pas violer indirectement le secret du vote et pour ne pas affaiblir le respect dû aux décisions, lequel doit être le même pour toutes, quel que soit le chiffre des voix sur les unes et sur les autres.

Les jurés rentrent dans l'auditoire et, en l'absence de l'accusé, le chef du jury lit à haute voix, sous une forme solennelle, la décision arrêtée (verdict, *vere dictum*), qu'il remet, signée de lui, au président.

Si cette décision paraît vicieuse, c'est-à-dire irrégulière, incomplète, contradictoire ou ambiguë, la Cour peut ordonner que le jury se retire dans la salle des délibérations pour rectifier sa déclaration, en faire disparaître les vices.

La Cour est encore autorisée, dans une circonstance extraordinaire, à surseoir au jugement, immédiatement après le prononcé du verdict. C'est l'objet de l'article 352 :

« Dans les cas où l'accusé est reconnu cou-
« pable, et si la Cour est convaincue que les
« jurés, tout en observant les formes, se sont
« trompés au fond, elle déclare qu'il est sursis
« au jugement, et renvoie l'affaire à la session
« suivante, pour y être soumise à un nouveau
« jury, dont ne peut faire partie aucun des jurés

« qui ont pris part à la délibération annulée.
« — Nul n'a le droit de provoquer cette mesure ;
« la Cour ne peut l'ordonner que d'office, immé-
« diatement après que la déclaration du jury a
« été prononcée publiquement. — Après la dé-
« libération du second jury, la Cour ne peut
« ordonner un nouveau renvoi, même quand
« cette déclaration serait conforme à la pre-
« mière. »

SECTION II. — DU JUGEMENT ET DE L'EXÉCUTION.

L'accusé est introduit, le greffier lit en sa présence la déclaration du jury. Porte-t-elle que
l'accusé n'est pas coupable ? Aussitôt le président
prononce, par simple *ordonnance* (sans le concours des assesseurs) *l'acquittement et la mise en
liberté* de l'accusé, s'il n'est retenu pour autre
cause. — L'acquittement est irrévocable, il ne
serait pas infirmé même par la cassation de la
procédure pour vice de forme ou dans l'intérêt
de la loi (art. 409).

L'accusé est-il déclaré coupable, la Cour est
alors appelée à faire l'application de la loi, tant
sur les réquisitions du ministère public que sur
la demande de la partie civile. L'accusé ou son

conseil n'est pas privé du droit de défense ; il ne peut plus sans doute contester les faits déclarés par le jury, mais il peut contester l'application légale de la peine et des dommages-intérêts à ces faits (art. 362, 365) et solliciter la bienveillance ou la commisération de la Cour.

Si le fait, par suite des réponses du jury ayant écarté certains éléments constitutifs du crime, n'est pas punissable (exemple, en cas d'excuse absolutoire), la Cour prononce (*par arrêt*) l'*absolution* de l'accusé. — L'absolution diffère de l'acquittement en ce que l'une émane de la Cour, l'autre du président seul ; — le bénéfice de l'absolution pourrait être enlevé par la cassation de l'arrêt (art. 410) ; — enfin, l'absous pourrait être, en vertu d'une jurisprudence que les articles 161, 194 et 368 du Code d'instruction criminelle semblent assurément contredire, condamné aux frais du procès.

Si le fait est punissable, la Cour prononce la peine portée par la loi, même dans le cas où les débats auraient réduit le fait aux proportions d'un simple délit.

Dans tous les cas, soit d'acquittement, soit d'absolution, soit de condamnation, la Cour statue sur les dommages-intérêts réclamés par la partie civile ou par l'accusé, sur les restitutions et les frais (art. 358, 366, 368 C. d'inst. cr. et v. p. 216).

Le procès-verbal de la séance est signé par le président et par le greffier qui l'a rédigé, à peine de nullité.

Art. 375. « La condamnation sera exécutée « dans les vingt-quatre heures qui suivront les « délais mentionnés en l'article 373 (trois jours « francs depuis le prononcé de l'arrêt pour le « pourvoi), s'il n'y a pas de recours en cassation, « ou, en cas de recours, dans les vingt-quatre « heures de la réception de l'arrêt de la Cour de « cassation qui aura rejeté la demande. »

Art. 376. « La condamnation sera exécutée « par les ordres du procureur général ; il aura « le droit de requérir directement pour cet effet « l'assistance de la force publique. »

SECTION III. — VOIE DE RECOURS CONTRE LES ARRÊTS DE LA COUR D'ASSISES.

L'arrêt est contradictoire ou par défaut.

S'il est contradictoire, il n'est susceptible que des voies extraordinaires de recours, la cassation et la révision, dont il sera traité ci-après.

S'il est par défaut, c'est-à-dire par *contumace* (expression usitée pour qualifier le défaut en matière de crimes), il est anéanti de plein droit par la comparution volontaire ou l'arrestation du condamné, avant que la peine soit éteinte par prescription (art. 476).

Disons un mot de la procédure exceptionnelle que nécessite l'état de contumace, et qui fait l'objet du chapitre II, titre IV du Code.

Est contumax l'accusé qui ne peut être saisi ou qui, saisi, s'est évadé, ou qui ne se présente pas dans les dix jours de la notification à son domicile de l'arrêt de mise en accusation.

Le président de la Cour d'assises rend une seconde ordonnance portant qu'il sera tenu de se représenter dans un nouveau délai de dix jours, après lequel l'accusé est suspendu de l'exercice de ses droits civiques, toute action en justice lui est interdite et ses biens sont mis en séquestre.

La Cour se réunit. Eclairée par les pièces de l'instruction (la défense du contumax ne pouvant être présentée par aucun conseil), elle statue, sans assistance de jurés, tant sur l'accusation que sur les intérêts civils. Si le contumax est condamné, ses biens sont régis comme biens d'absent. L'arrêt est affiché conformément à l'article

472 (d'après la loi du 2 janvier 1850). Lorsque cet arrêt est devenu inattaquable par la prescription de la peine, le contumax échappe sans doute à son exécution matérielle, mais il reste frappé des déchéances et incapacités qui résultent de la condamnation.

TITRE III.

Les pourvois dont il s'agit, sous ce titre, sont des voies extraordinaires pour faire prononcer la cassation ou l'annulation des décisions rendues en dernier ressort.

Ils sont de deux sortes : l'un, *le pourvoi en cassation*, fondé sur une *erreur de droit ;* l'autre, *le pourvoi en révision*, fondé sur une *erreur de fait* exceptionnellement vérifiée.

Ces deux pourvois sont portés devant la Chambre criminelle de la Cour de cassation qui réunit, en matière pénale, les pouvoirs conférés, en matière civile, à la Chambre des requêtes et à la Chambre civile.

CHAPITRE I.

DES DEMANDES EN CASSATION.

(Correspondant aux chapitres I et II du Code.)

Il faut distinguer le pourvoi dans l'intérêt des parties qui ont été engagées dans le procès, et celui qui est formé dans l'intérêt de la loi ou par ordre du ministre de la justice.

SECTION I. — POURVOI DANS L'INTÉRÊT DES PARTIES.

Ce pourvoi suppose qu'une décision en dernier ressort a été rendue, soit contradictoire, soit par défaut, le délai d'opposition étant expiré. Toutefois cette voie de recours est refusée au condamné par contumace, dont la représentation suffit pour anéantir l'arrêt de condamnation.

Contre les décisions sur la compétence, le pourvoi est ouvert de suite ; contre les décisions purement préparatoires, il n'est ouvert qu'après le jugement définitif (art. 416).

Nous savons que le délai général est de *trois jours francs* depuis le prononcé du jugement (art. 373 applicable aux juridictions correctionnelles et de police), ou depuis l'expiration du délai d'opposition. — Un délai spécial de *cinq jours* est accordé dans les quatre cas prévus par l'article 299 (V. p. 235).

Le délai du pourvoi est suspensif de l'exécution de la peine.

Cette voie de recours est ouverte contre les ordonnances du juge d'instruction rendues en dernier ressort (art. 34, 80, 81, 86) et contre les arrêts de la Chambre d'accusation ; — contre les jugements en dernier ressort des tribunaux de simple police ; — contre les jugements rendus sur appel par les tribunaux correctionnels ; — contre les arrêts rendus sur appel des tribunaux correctionnels ; — enfin, contre les arrêts des Cours d'assises portant condamnation (art. 408). L'arrêt d'absolution donne également ouverture à cassation, si l'absolution repose sur le fondement erroné de la non-existence d'une loi pénale (art. 410). L'ordonnance d'acquittement n'est attaquable que dans l'intérêt abstrait de la loi (art. 409).

La partie civile a le droit de former un pourvoi, dans le délai anormal de vingt-quatre heures, contre l'arrêt d'absolution ou l'ordonnance d'acquittement qui porterait contre elle des condamnations civiles *ultra petita*.

Le pourvoi est formé par déclaration au greffe (art. 300, 373), avec consignation préalable d'une amende (de 150 fr., ou de 75 fr. si la décision est par défaut) de la part tant du condamné que de la partie civile. L'amende n'est pas exigée en cas de recours contre l'arrêt de la Cour d'assises. En outre, le pourvoi n'est recevable qu'autant que le condamné à une peine privative de la liberté se constitue prisonnier.

Si le pourvoi est rejeté, l'arrêt ou le jugement devient exécutoire.

Si le pourvoi est admis, l'arrêt ou le jugement est cassé soit en totalité, soit pour partie seulement, suivant les distinctions suivantes :

La cassation est-elle fondée sur une application erronée et vicieuse de la loi pénale , la procédure et le verdict du jury subsistent dans leur intégrité, il ne s'agit que d'obtenir d'une nouvelle juridiction une juste et fidèle application de la loi.

Est-ce à raison d'un vice de nullité dans l'instruction ou dans les débats que la cassation est prononcée, la procédure est mise à néant et l'affaire se représente tout entière devant une nouvelle juridiction, tribunal ou Cour d'assises, suivant la nature de l'infraction. Et si nous supposons que la nouvelle décision soit attaquée par les mêmes moyens que ceux du premier pourvoi, l'affaire est portée à l'audience solennelle des trois Chambres réunies de la Cour suprême, et l'arrêt fait autorité pour la juridiction de

renvoi qui est tenue de s'y conformer (loi du
1ᵉʳ avril 1837).

La cassation est prononcée sans renvoi lorsqu'elle a pour motif l'extinction de l'action publique (prescription, chose jugée, etc.), ou le
caractère non punissable du fait.

SECTION II. — POURVOI DANS L'INTÉRÊT DE LA LOI.

La cassation dans l'intérêt de la loi a pour
but d'empêcher la reproduction d'une erreur
de droit et de maintenir intactes et respectées les
dispositions légales. Etrangère aux intérêts des
parties, elle ne peut leur préjudicier, mais elle
peut leur profiter.

A cette fin, il y a lieu au pourvoi du ministère
public qui a soutenu l'accusation contre une
ordonnance d'acquittement dans les vingt-quatre
heures (art. 409), et au pourvoi du procureur
général près la Cour de cassation contre les arrêts ou jugements en dernier ressort, après le
délai expiré du pourvoi des parties (art. 442).

En outre, l'article 441 investit le ministre de
la justice d'un pouvoir extraordinaire, celui d'en-
joindre au procureur général près la Cour de
cassation, de faire *annuler, soit avant, soit après*

les délais de recours, non-seulement des jugements ou arrêts en dernier ressort, mais aussi
tous actes judiciaires, instructions, délibérations, ou jugements *illégitimes* ou *contraires à la
loi.*

C'est là une exception remarquable au droit
commun, un moyen anormal pour redresser les
actes et jugements irréguliers par des raisons
d'ordre supérieur et dont le criminaliste Mangin
a dit qu'il ne connaissait pas dans l'ordre judiciaire « d'acte plus grave et plus solennel. »
C'est une réminiscence des pouvoirs illimités de
la magistrature prétorienne, une *restitutio in in-
tegrum*.

Mais quel sera l'effet de cette annulation
quant aux droits des parties?

Cette question s'est élevée parce que l'article 441 ne contient pas, comme l'article 442,
la réserve des droits acquis aux parties privées.
Faut-il induire de ce silence que le jugement
est annulé d'une manière absolue et à tous
égards? Faut-il dire que l'intérêt public exige
le sacrifice des droits privés les plus dignes de
respect, de ceux que garantit l'autorité de la
chose jugée? La jurisprudence, après de nombreuses variations, s'est arrêtée à cette interpré-

tation : que les droits acquis aux parties sont irrévocables, qu'ils dominent la loi même qui les a consacrés, et que ce recours suprême dont le résultat est d'ébranler, au nom de l'Etat, l'autorité des arrêts, ne peut porter atteinte à l'acquittement d'un accusé qui n'a, d'ailleurs, été ni appelé, ni entendu.

Mais si l'annulation ne peut nuire aux parties, peut-elle leur profiter? Nous le pensons, car il serait étrange de concevoir l'exécution d'une condamnation que la Cour de cassation a jugée arbitraire, irrégulière. Il convient que le jugement soit annulé en entier, dès que les droits privés sont hors de cause (arrêt de la C. cass. 18 mars 1842).

19

CHAPITRE II.

La révision qui se fonde sur une erreur de fait, n'a lieu qu'en matière criminelle (cependant la Cour de cassation paraît disposée à l'étendre aux jugements de police correctionnelle). Elle est toujours formée sur l'ordre du ministre de la justice. Le délai du pourvoi est illimité.

Le Code ne l'admet que dans les trois cas suivants :

1° Lorsque deux arrêts distincts et inconciliables ont condamné séparément pour le même crime deux personnes comme étant chacune l'auteur unique et exclusif de ce crime (art. 443). — L'erreur judiciaire dans l'un ou l'autre de ces arrêts résulte de leur seul rapprochement, mais lequel est erroné ?

2° Lorsque, après une condamnation pour homicide, il y a des indices suffisants, puis constatation judiciaire de l'existence du prétendu homicidé (art. 444). — L'erreur judiciaire est matériellement prouvée.

3° Lorsque, après condamnation, un ou plusieurs témoins à charge sont poursuivis et condamnés pour faux témoignage contre le condamné (art. 445). — L'erreur judiciaire n'est pas manifeste, car la condamnation peut avoir eu une autre cause que ces faux témoignages, mais une grave incertitude pèse sur la justice de cette condamnation.

Dans ces trois cas, après vérification, la Cour casse les arrêts attaqués. Elle casse sans renvoi dans l'hypothèse de l'article 444 où il ne reste plus aucun doute; dans les deux autres, prévues par les articles 443 et 445, elle casse avec renvoi, pour que la lumière se fasse par un nouvel examen.

La révision de la condamnation est possible même après la grâce, puisque la grâce n'efface pas la condamnation.

La mort du condamné ne fait pas obstacle à la révision dans le cas non douteux de l'article 444, mais elle y fait obstacle dans les deux autres, parce qu'elle rend impossibles de nouveaux débats contradictoires. Contre cette disposition rigoureuse et implacable de la loi, de nombreux écrivains, jurisconsultes, orateurs ont protesté avec énergie; ils ont revendiqué, pour la mémoire du condamné, victime d'une erreur judiciaire, pour l'honneur de son nom et de sa famille, le droit à une réhabilitation judiciairement prononcée. Le gouvernement, dans la session de 1864, a promis de mettre à l'étude cette grave question.

LOI DU 14 JUILLET 1865

SUR

LA MISE EN LIBERTÉ PROVISOIRE

(Conférer avec les pages 190 et suivantes.)

ARTICLE UNIQUE.

Les articles 91, 94, 113 à 126 et 613 du Code d'instruction criminelle sont abrogés et remplacés par les articles suivants :

ART. 91. « En matière criminelle ou correc- « tionnelle, le juge d'instruction pourra ne dé- « cerner qu'un mandat de comparution, sauf « à convertir ce mandat, après l'interrogatoire, « en tel autre mandat qu'il appartiendra.

« Si l'inculpé fait défaut, le juge d'instruction « décernera contre lui un mandat d'amener. »

L'ancienne rédaction de l'article 91 imposait au juge d'instruction l'obligation de décerner mandat d'amener contre l'individu inculpé d'un crime, ou même d'un simple délit correctionnel, s'il n'était pas domicilié. Désormais le juge *pourra* ne décerner, dans tous les cas, qu'un mandat de comparution. Il lui appartient d'apprécier, sous sa propre responsabilité, si la prévention est assez grave pour faire craindre que l'inculpé ne se dérobe, par la fuite, aux recherches de la justice et à l'exécution de la condamnation.

ART. 94. « Après l'interrogatoire, ou en cas « de fuite de l'inculpé, le juge pourra décer- « ner un mandat de dépôt ou d'arrêt, si le « fait emporte la peine de l'emprisonnement « ou une autre peine plus grave.

« Il ne pourra décerner le mandat d'arrêt « qu'après avoir entendu le procureur im- « périal.

« Dans le cours de l'instruction, il pourra, sur « les conclusions conformes du procureur impé- « rial, et quelle que soit la nature de l'inculpa- « tion, donner mainlevée de tout mandat de « dépôt ou d'arrêt, à la charge, par l'inculpé, de « se représenter à tous les actes de la procédure « et pour l'exécution du jugement aussitôt qu'il « en sera requis.

« L'ordonnance de mainlevée ne pourra être « attaquée par voie d'opposition. »

En principe, le mandat d'arrêt ou de dépôt ne peut être décerné qu'après un interrogatoire faisant présumer la culpabilité du prévenu, ou en cas de fuite. — Désormais la délivrance de ces

mandats est interdite et la liberté provisoire
maintenue, si le fait emporte une peine moins
grave que l'emprisonnement.

Le droit dont le juge d'instruction est investi,
depuis la loi du 4 avril 1855, de donner mainlevée, pendant tout le cours de l'instruction et
sur les conclusions conformes du ministère public, de tout mandat de dépôt, est étendu au
mandat d'arrêt. (Voir p. 192.)

ART. 113. « En toute matière, le juge d'in-
« struction pourra, sur la demande de l'inculpé
« et sur les conclusions du procureur impérial,
« ordonner que l'inculpé sera mis provisoire-
« ment en liberté, à charge, par celui-ci, de
« prendre l'engagement de se représenter à tous
« les actes de la procédure et pour l'exécution
« du jugement aussitôt qu'il en sera requis. »

Cette disposition fait disparaître la choquante
anomalie que nous avons signalée, page 19.

« En matière correctionnelle, la mise en li-
« berté *sera de droit,* cinq jours après l'inter-
« rogatoire, en faveur du prévenu *domicilié,*
« *quand le maximum de la peine prononcée par*
« *la loi sera inférieure à deux ans d'emprison-*
« *nement.* »

C'est surtout à l'influence de la statistique

criminelle qu'il faut attribuer cette importante innovation [1].

« La disposition qui précède ne s'appliquera ni aux prévenus déjà condamnés pour crime, ni à ceux déjà condamnés à un emprisonnement de plus d'une année. » — Ainsi la loi n'excepte de cette faveur que les inculpés en état de récidive.

ART. 114. « La mise en liberté provisoire « pourra, dans tous les cas où elle n'est pas de « droit, être subordonnée à l'obligation de four- « nir un cautionnement dans les termes prévus « par l'article 120. »

Quand elle n'est pas de plein droit, la liberté provisoire est facultative, avec ou sans caution. Le juge est libre appréciateur de la nécessité du cautionnement et de son *quantum* : tout chiffre arrêté d'avance par le législateur eût été excessif ou insuffisant.

« Le cautionnement garantit :

« 1° La représentation de l'inculpé à tous les « actes de la procédure et pour l'exécution du « jugement ;

---

[1] Statistique criminelle de 1862 publiée en 1863. — L'exposé des motifs porte : « Sur 65,571 détenus, 15,721 seront déchar- « gés des poursuites ou acquittés, et le plus grand nombre des « autres, la presque totalité, condamnés à un emprisonnement « de courte durée. »

« 2° Le payement dans l'ordre suivant :

« 1° Des frais faits par la partie publique ;

« 2° De ceux avancés par la partie civile ;

« 3° Des amendes.

« L'ordonnance de mise en liberté détermine « la somme affectée à chacune des deux parties « du cautionnement. »

Art. 115. « La mise en liberté aura lieu sans « préjudice du droit que conserve le juge d'in- « struction, dans la suite de l'information, de « décerner un nouveau mandat d'amener, d'ar- « rêt ou de dépôt, si des circonstances nou- « velles et graves rendent cette mesure néces- « saire. »

La mise en liberté ne doit pas entraver l'action de la justice lorsqu'il apparaît, dans la suite de la procédure, que l'inculpé n'en est pas digne. S'il en était autrement, le juge serait moins disposé à accorder une liberté qui le désarmerait irrévocablement.

« Toutefois, si la liberté provisoire avait été « accordée par la Chambre des mises en accusa- « tion réformant l'ordonnance du juge d'instruc- « tion, le juge d'instruction ne pourrait décer- « ner un nouveau mandat qu'autant que la « Cour, sur les réquisitions du ministère public,

« aurait retiré à l'inculpé le bénéfice de la dé-
« cision. »

Cette formalité est commandée par le respect
de la hiérarchie.

Art. 116. « La mise en liberté provisoire peut
« être demandée en tout état de cause : à la
« Chambre des mises en accusation, depuis l'or-
« donnance du juge d'instruction jusqu'à l'arrêt
« de renvoi devant la Cour d'assises ; au tribu-
« nal correctionnel, si l'affaire y a été renvoyée ;
« à la Cour impériale (Chambre des appels cor-
« rectionnels), si appel a été interjeté du juge-
« ment sur le fond.

« Lorsque le condamné, pour rendre son
« pourvoi admissible, conformément à l'article
« 421, voudra réclamer sa mise en liberté, il
« portera sa demande devant la Cour ou devant
« le tribunal qui aura prononcé la peine. »

Cet article comble une lacune du Code d'instruction criminelle, en consacrant l'interprétation de la doctrine et de la jurisprudence. (Voir p. 194.)

Art. 117. « Dans tous les cas prévus par
« l'article précédent, il sera statué sur simple
« requête, en Chambre du conseil, le ministère
« public entendu.

« L'inculpé pourra fournir, à l'appui de sa
« requête, des observations écrites. »

Les articles 118 et 119 déterminent la forme
et les délais de la demande en liberté provisoire
et des recours auxquels elle donne lieu, de manière à concilier les intérêts des parties avec la
rapidité de la procédure :

ART. 118. « La demande en liberté provi-
« soire sera notifiée à la partie civile, à son do-
« micile ou à celui qu'elle aura élu. Elle pourra,
« dans le délai de vingt-quatre heures, à partir
« du jour de la notification, présenter des ob-
« servations écrites. »

ART. 119. « L'opposition ou appel devra être
« formé dans un délai de vingt-quatre heures,
« qui courra, contre le procureur impérial, à
« compter du jour de l'ordonnance ou du
« jugement, et contre l'inculpé ou la partie
« civile, à compter du jour de la notifica-
« tion.

« L'opposition ou appel sera consigné sur un
« registre tenu au greffe à cet effet.

« Le procureur général aura le droit d'oppo-
« sition dans les formes et les délais prescrits
« par les trois derniers paragraphes de l'ar-
« ticle 135. »

Les articles 120 et 121 règlent la nature et les conditions du cautionnement.

ART. 120. « Dans le cas où la liberté provi-
« soire aura été subordonnée au cautionne-
« ment, il sera fourni en espèces, soit par un
« tiers, soit par l'inculpé, et le montant en sera,
« suivant la nature de l'affaire, déterminé par
« le juge d'instruction, le tribunal ou la Cour.

« Toute tierce personne solvable pourra éga-
« lement être admise à prendre l'engagement
« de faire représenter l'inculpé à toute réquisi-
« tion de justice, ou, à défaut, de verser au Tré-
« sor la somme déterminée. »

ART. 121. « Si le cautionnement consiste en
« espèces, il sera versé entre les mains du rece-
« veur de l'Enregistrement, et le ministère pu-
« blic, sur le vu du récépissé, fera exécuter
« l'ordonnance de mise en liberté.

« S'il résulte de l'engagement d'un tiers, la
« mise en liberté sera ordonnée sur le vu de
« l'acte de soumission reçu au greffe.

« Préalablement à la mise en liberté avec ou
« sans cautionnement, le demandeur devra, par
« acte reçu au greffe, élire domicile, s'il est in-
« culpé, dans le lieu où siége le juge d'instruc-
« tion ; s'il est prévenu ou accusé, dans celui

« où siége la juridiction saisie du fond de l'af-
« faire. »

Les articles 122 et 123 règlent l'emploi et
l'affectation du cautionnement.

ART. 122. « Les obligations résultant du cau-
« tionnement cessent si l'inculpé se présente à
« tous les actes de la procédure et pour l'exé-
« cution du jugement.

« La première partie du cautionnement est
« acquise à l'Etat, du moment que l'inculpé,
« sans motif légitime d'excuse, est constitué en
« défaut de se présenter à quelque acte de la
« procédure ou pour l'exécution du jugement.

« Néanmoins, en cas de renvoi des pour-
« suites, d'absolution ou d'acquittement, le
« jugement ou l'arrêt pourra ordonner la resti-
« tution de cette partie du cautionnement. »

ART. 123. « La seconde partie du cautionne-
« ment est toujours restituée en cas d'acquitte-
« ment, d'absolution ou de renvoi des pour-
« suites.

« En cas de condamnation, elle est affectée
« aux frais et à l'amende dans l'ordre énoncé
« dans l'article 114 ; le surplus, s'il y en a, est
« restitué. »

ART. 124. « Le ministère public, soit d'office,

« soit sur la provocation de la partie civile, est
« chargé de produire à l'administration de l'En-
« registrement, soit un certificat de greffe con-
« statant, d'après les pièces officielles, la res-
« ponsabilité encourue dans le cas de l'article
« 122, soit l'extrait du jugement, dans le cas
« prévu par l'article 123, § 2.

« Si les sommes dues ne sont pas déposées,
« l'administration de l'Enregistrement en pour-
« suit le recouvrement par voie de contrainte.

« La Caisse des dépôts et consignations est
« chargée de faire, sans délai, aux ayants droit,
« la distribution des sommes déposées ou re-
« couvrées.

« Toute contestation sur ces divers points est
« vidée sur requête, en Chambre du conseil,
« comme incident de l'exécution du jugement. »

ART. 125. « Si, après avoir obtenu sa liberté
« provisoire, l'inculpé cité ou ajourné ne com-
« paraît pas, le juge d'instruction, le tribunal
« ou la Cour, selon les cas, pourront décerner
« contre lui un mandat d'arrêt ou de dépôt, ou
« une ordonnance de prise de corps. »

ART. 126. « L'inculpé renvoyé devant la Cour
« d'assises sera mis en état d'arrestation, en
« vertu de l'ordonnance de prise de corps con-

« tenue dans l'arrêt de la Chambre des mises
« en accusation, nonobstant la mise en liberté
« provisoire. »

ART. 206. « En cas d'acquittement, le pré-
« venu sera immédiatement, et nonobstant ap-
« pel, mis en liberté. » (Conférer, p. 213.)

Enfin l'article 613 détermine les fonctionnaires auxquels est confiée la surveillance des
prisons, et soumet à certaines conditions et garanties l'exercice de la mise au secret.

ART. 613. « Le préfet de police à Paris, le
« préfet dans les villes où il remplit les fonc-
« tions de préfet de police [1], et le maire dans
« les autres villes ou communes, veilleront à ce
« que la nourriture des prisonniers soit suffi-
« sante et saine : la police de ces maisons leur
« appartiendra.

« Le juge d'instruction et le président des as-
« sises pourront néanmoins donner respective-
« ment tous les ordres qui devront être exécutés
« dans les maisons d'arrêt et de justice, et qu'ils
« croiront nécessaires, soit pour l'instruction,
« soit pour le jugement.

« Lorsque le juge d'instruction croira devoir

[1] Ce sont les villes de plus de 40,000 âmes, d'après la loi du
5 mai 1855.

« prescrire, à l'égard d'un inculpé, une inter-
« diction de communiquer, il ne pourra le faire
« que par une ordonnance qui sera transcrite
« sur le registre de la prison. Cette interdiction
« ne pourra s'étendre au delà de dix jours; elle
« pourra toutefois être renouvelée. Il en sera
« rendu compte au procureur général. »

L'économie de cette loi, considérée dans son
ensemble, est de faire à la liberté individuelle
les concessions jugées compatibles avec les nécessités de la justice et de la sécurité publique.

Elle autorise le maintien de la liberté dès les
premiers actes de toute instruction criminelle,
conférant au juge la faculté de ne décerner, en
tous cas, qu'un mandat de comparution.

S'agit-il de délits emportant une peine moins
grave que l'emprisonnement, la liberté est de
droit; défense absolue d'arrêter et de détenir.

S'agit-il de délits emportant moins de deux
ans d'emprisonnement, l'inculpé peut être arrêté et détenu, mais il doit être rendu de plein
droit à la liberté cinq jours après l'interrogatoire, s'il est domicilié et si des charges nouvelles
n'aggravent pas la prévention.

S'agit-il de délits emportant deux ans d'emprisonnement ou de crimes, liberté provisoire facultative pour le juge.

L'acquittement a pour effet immédiat la mise en liberté, nonobstant appel.

Il y a déchéance de la liberté provisoire :

1° Lorsque le retrait de ce bienfait est jugé nécessaire en raison des charges ultérieurement acquises au procès ;

2° Lorsque l'inculpé cité ou ajourné ne comparaît pas ;

3° Lorsque l'arrêt de renvoi à la Cour d'assises a été prononcé.

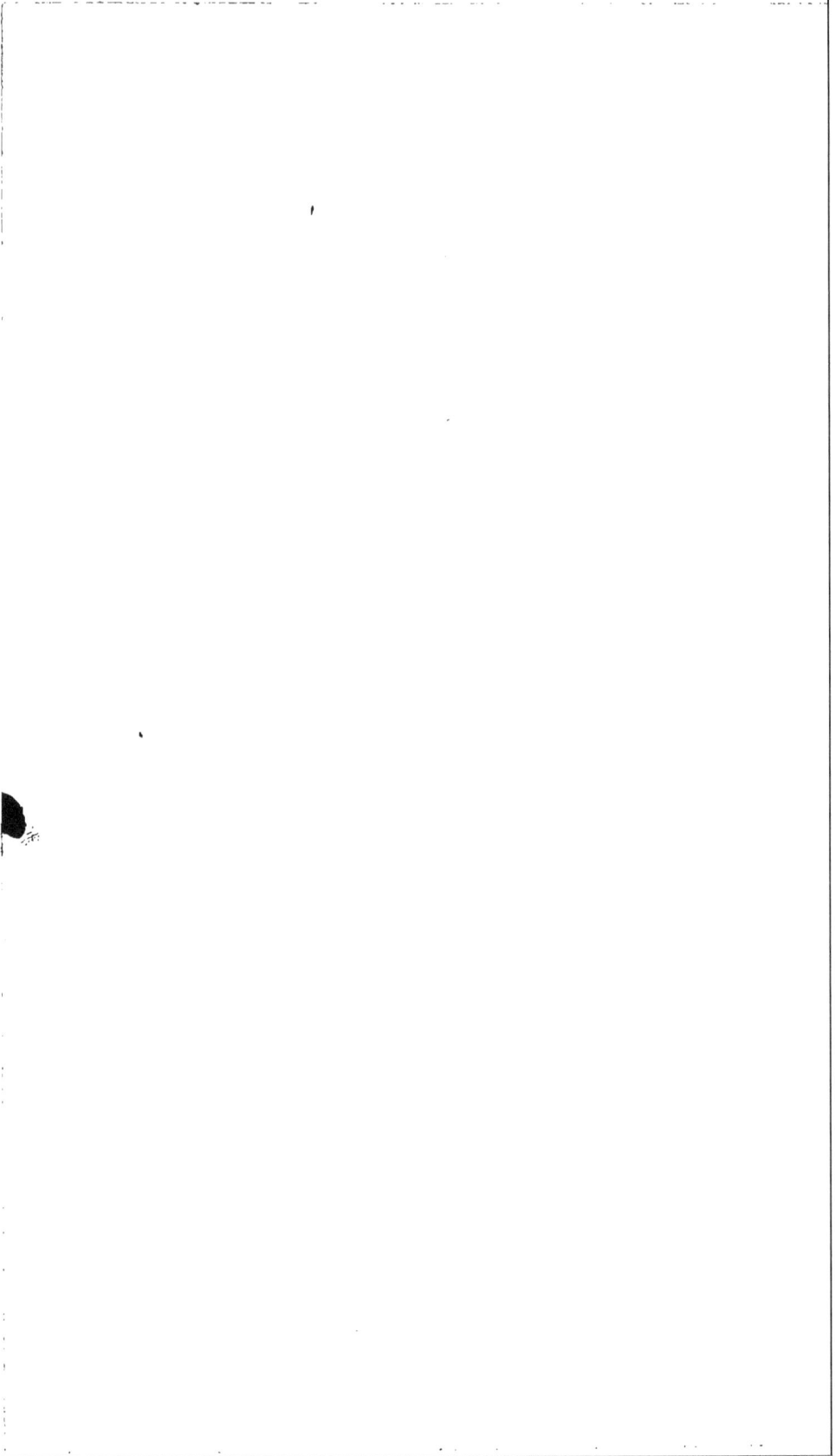

QUESTIONNAIRE

SUR LE CODE PÉNAL.

SUR LE CODE D'INSTRUCTION CRIMINELLE.

ERRATA.

—

Page   3, ligne 26, *au lieu de* erronné, *lisez :* erroné.
Page 19, ligne 5, *au lieu de* 13 mai, *lisez :* 4 avril.
Page 86, ligne 16, *au lieu de* 10 ans, *lisez :* 20 ans.
Page 86, ligne 25, *au lieu de* aggravantes, *lisez :* atténuantes.
Page 177, lignes 12 et 19, *au lieu de* connus, *lisez :* connexes.
Page 233, ligne 14, *au lieu de* ordonnance, *lisez :* arrêt.

Paris. — Typ. Hennuyer et fils, rue du Boulevard, 7.

SUPPLÉMENT

A

L'EXPOSÉ DE DROIT PÉNAL

ET

D'INSTRUCTION CRIMINELLE

PAR

TH. RICHARD MAISONNEUVE

DOCTEUR EN DROIT, AVOCAT A LA COUR IMPÉRIALE

Loi du 27 juin 1866

CONCERNANT LES CRIMES, LES DÉLITS ET LES CONTRAVENTIONS
COMMIS A L'ÉTRANGER

(Se référer aux pages 151-153).

ARTICLE 1er.

Les articles 5, 6, 7 et 187 du Code d'instruction criminelle sont abrogés et seront remplacés ainsi qu'il suit :

ART. 5. — « Tout Français qui, hors du territoire de la France, s'est rendu coupable d'un crime puni par la loi française, peut être poursuivi et jugé en France.

« Tout Français qui, hors du territoire de France, s'est rendu coupable d'un fait qualifié délit par la loi fran-

21

çaise, peut être poursuivi et jugé en France, si le fait est puni par la législation du pays où il a été commis.

« Toutefois, qu'il s'agisse d'un crime ou d'un délit, aucune poursuite n'a lieu si l'inculpé prouve qu'il a été jugé définitivement à l'étranger.

« En cas de délit commis contre un particulier, Français ou étranger, la poursuite ne peut être intentée qu'à la requête du ministère public; elle doit être précédée d'une plainte de la partie offensée ou d'une dénonciation officielle à l'autorité française par l'autorité du pays où le délit a été commis.

« Aucune poursuite n'a lieu avant le retour de l'inculpé en France, si ce n'est pour les crimes énoncés en l'article 7 ci-après.

« ART. 6. — La poursuite est intentée à la requête du ministère public du lieu où réside le prévenu ou du lieu où il peut être trouvé.

« Néanmoins, la Cour de cassation peut, sur la demande du ministère public ou des parties, renvoyer la connaissance de l'affaire devant une cour ou un tribunal plus voisin du lieu du crime ou du délit.

« ART. 7. — Tout étranger qui, hors du territoire de la France, se sera rendu coupable, soit comme auteur, soit comme complice, d'un crime attentatoire à la sûreté de l'État, ou de contrefaçon du sceau de l'État, de monnaies nationales ayant cours, de papiers nationaux, de billets de banque autorisés par la loi, pourra être poursuivi et jugé d'après les dispositions des lois françaises, s'il est arrêté en France ou si le Gouvernement obtient son extradition.

« ART. 187. — La condamnation par défaut sera comme non avenue si, dans les cinq jours de la signification qui en aura été faite au prévenu ou à son domicile, outre un jour par cinq myriamètres, celui-ci forme opposition à l'exécution du jugement et notifie son opposition, tant au ministère public qu'à la partie civile.

« Les frais de l'expédition, de la signification du jugement par défaut et de l'opposition, demeureront à la charge du prévenu.

« Toutefois, si la signification n'a pas été faite à personne ou s'il ne résulte pas d'actes d'exécution du jugement que le prévenu en a eu connaissance, l'opposition sera recevable jusqu'à l'expiration des délais de la prescription de la peine. »

ARTICLE 2.

Tout Français qui s'est rendu coupable de délits et contraventions en matière forestière, rurale, de pêche, de douanes ou de contributions indirectes, sur le territoire de l'un des États limitrophes, peut être poursuivi et jugé en France, d'après la loi française, si cet État autorise la poursuite de ses regnicoles pour les mêmes faits commis en France.

La réciprocité sera légalement constatée par des conventions internationales ou par un décret publié au *Bulletin des lois.*

D'après le Code pénal de 1808, ne sont pas punis, s'ils ont été commis hors du territoire : 1° les crimes commis par un étranger contre un particulier; 2° les crimes commis par un Français contre un étranger; 3° tous les délits et contraventions.

Malgré son caractère exclusif et restreint, cette législation semblait suffisante au commencement de ce siècle; elle correspondait à l'état social de cette époque, où les haines nationales, les guerres, les douanes et les difficultés de transport séparaient les peuples; mais, de nos jours, elle paraît opposée aux mœurs et aux besoins des sociétés européennes, fortement empreintes du sentiment de la solidarité.

La liberté des échanges, la rapidité des communications, le développement des relations commerciales et le mélange incessant des intérêts internationaux imposaient la nécessité d'élever le niveau de la loi pénale et de lui attribuer une large application, car « l'intérêt commun des nations, d'accord avec la conscience universelle, veut impérieusement que tous les crimes soient punis [1]. »

La loi nouvelle comble une partie des lacunes du Code, en autorisant la poursuite et punition en France du Français auteur de crimes ou de délits sur le territoire étranger.

Cette extension du droit de punir a soulevé de nombreuses objections :

1° On a dit que la loi pénale est un attribut de

[1] Rapport de M. Bonjean, 22 juin 1866.

la souveraineté et essentiellement territoriale.
— Sans doute, elle est territoriale, en ce sens
qu'elle oblige tous ceux qui habitent le territoire; mais cesse-t-elle pour cela d'obliger le
Français au delà de la frontière? En tous lieux
la loi nationale suit le Français pour déterminer
sa capacité et lui fournir aide et protection ;
pourquoi donc cette même loi serait-elle impuissante à l'atteindre, en quelque lieu qu'il ait
contrevenu aux devoirs qu'elle impose?

2° On a dit encore que punir le crime commis
hors de France c'est usurper la souveraineté
étrangère. — Pour usurper la souveraineté
étrangère, il faudrait contester à l'État étranger
le droit de punir les crimes commis sur son territoire; or le législateur n'a pas eu cette prétention. La justice française n'intervient qu'à défaut
de la justice étrangère; il n'y a qu'une seule
poursuite, un seul jugement; la maxime *non bis
in idem* est respectée. Une fois jugé à l'étranger,
condamné ou acquitté, le Français ne pourra,
pour le même fait, être traduit devant les tribunaux français; car les jugements étrangers ont,
exceptionnellement, en matière criminelle, l'autorité de la chose jugée. Mais s'il s'est soustrait
à la justice étrangère et s'il rentre en France,

alors seulement il tombe sous l'empire de la loi française. Ce n'est certes pas là un empiétement sur la souveraineté étrangère, puisque aucune entrave n'est apportée à l'exercice de cette souveraineté. Fallait-il consacrer le système d'un décret du 25 octobre 1811, qui permettait de livrer l'inculpé à la justice étrangère? N'eût-il pas été odieux de méconnaître à ce point les règles de l'extradition et la protection due aux nationaux?

L'impunité des crimes commis hors du territoire est scandaleuse et immorale; elle tend à déconsidérer la nation à laquelle appartient le coupable; elle est une cause de trouble et d'inquiétude dans le pays où il vient chercher un asile. La loi de 1866 met un terme à ce honteux privilége de l'extranéité dans le crime; elle satisfait la conscience publique et se trouve en harmonie avec le droit commun des États de l'Europe.

Le nouvel article 5 détermine les conditions de la poursuite : 1° des crimes; 2° des délits.

I. — CONDITIONS DE LA POURSUITE DES CRIMES.

Il n'est plus nécessaire, comme d'après l'ancien article 7, que l'offensé porte plainte, la poursuite d'office est autorisée; ni que l'offensé soit un Français, peu importe la nationalité de la victime.

Il est seulement requis : 1° *que l'infraction à poursuivre soit punie comme crime par la loi française; 2° que le coupable soit un Français; 3° qu'il n'ait pas été jugé définitivement à l'étranger; 4° qu'il soit de retour en France.*

Examinons chacune de ces conditions :

1° *Que l'infraction à poursuivre soit punie comme crime par la loi française.* — C'est à la loi française qu'il faut s'attacher pour qualifier l'infraction, sans se préoccuper des dispositions de la loi étrangère; le fait doit être apprécié comme s'il avait été commis sur le territoire de France. D'après cela, on peut concevoir qu'un crime commis en pays étranger échappe à toute poursuite en France, bien que la loi française réprime un crime analogue; ainsi, l'excitation à la haine et au mépris d'un gouvernement étranger est punie par la loi étrangère et non par la législation nationale, qui ne punit une telle infraction qu'autant qu'elle concerne le Gouvernement français. Donc il ne suffit pas que l'acte soit qualifié crime par la législation du pays où il est commis, ni qu'un acte du même genre soit prévu par la loi française, il faut qu'il contienne les éléments qui autoriseraient la poursuite s'il était commis en France.

2° *Que le coupable soit un Français.*— En protégeant l'étranger contre le Français coupable de crimes hors du territoire, la loi semblait devoir, par raison d'équité et de réciprocité, étendre la même protection au Français contre l'étranger. Cette lacune n'a pas été comblée. C'est une concession à certains principes abstraits qui ne permettent la poursuite contre l'étranger, ni à raison du statut personnel, ni à raison du statut territorial. Mais la conscience se révolte au spectacle de l'étranger qui, après l'assassinat d'un Français sur le sol d'un État voisin, trouve, dans la patrie de sa victime, une insolente impunité. N'est-on pas fondé à dire, comme le judicieux rapporteur au Sénat : « Si la justice française est incompétente du chef de l'assassin, pourquoi ne serait-elle pas compétente du chef de la victime ? »

3° *Qu'il n'ait pas été jugé définitivement à l'étranger.* — Le jugement définitif est celui qui n'est pas susceptible des voies ordinaires de recours, l'opposition ou l'appel. Mais il n'est pas nécessaire que le jugement ait été exécuté ou que la peine ait été prescrite. Rentrant en France avant l'exécution ou la prescription de la peine, le coupable échappe à la poursuite et même aux déchéances de droit pouvant résulter des condamnations prononcées à l'étranger, car le jugement criminel émané des tribunaux étrangers n'est pas exécutoire en France (l'art. 2123 C. N. n'étant pas applicable en matière criminelle), bien qu'il y ait autorité de chose jugée. Le Français qui veut se prévaloir du jugement étranger doit en rapporter la preuve.

4° *Qu'il soit de retour en France.* — Autrement, et tant que le Français réside à l'étranger, il serait exposé à deux poursuites simultanées.

Les actes d'instruction ou de poursuite par les autorités étrangères auraient-ils l'effet d'interrompre la prescription en France ? La négative semble préférable, car on ne peut, comme en matière civile, invoquer ici la règle *locus regit actum*. L'autorité du ministère public est territoriale ; le magistrat français ne peut reconnaître, en tant qu'authentiques, les actes de la justice étrangère, à l'exception du jugement définitif concernant un Français.

Notons que cette condition de retour du Français n'est pas requise s'il s'agit d'un des crimes énumérés dans l'article 7, exception justifiée par la gravité du préjudice causé au crédit de l'État et à la sécurité publique.

II. — CONDITIONS DE LA POURSUITE DES DÉLITS.

La répression des délits commis hors du territoire n'est pas nécessaire au même degré que celle des crimes. Cependant on ne peut méconnaître la perversité que révèlent certains actes délictuels, tels que l'escroquerie, l'abus de confiance, le vol, et le préjudice qui en résulte; d'autre part, il est d'autres délits beaucoup moins graves et dont l'impunité est peu dangereuse. On a donc reconnu que tous les délits commis au delà de la frontière ne devaient pas être également poursuivis. Devait-on faire un choix, une énumération? Ce système a paru présenter de trop grandes difficultés, outre l'inconvénient de promettre législativement l'impunité à certaines classes de délits. Le législateur a pensé que le but serait atteint en laissant au ministère public l'exercice facultatif du droit de poursuite, et en le subordonnant à certaines conditions. Elles sont au nombre de cinq :

. 1° *Que le fait soit puni par la législation du pays où il a été commis.*

Il faut tenir compte du milieu dans lequel

l'homme a vécu, des habitudes, des mœurs sous l'influence desquelles il a agi, de la sécurité que lui a donnée la législation étrangère à laquelle il s'est momentanément soumis. Mais si le fait est puni par cette législation, il peut être poursuivi en France, et c'est la loi française qui déterminera l'application de la peine.

On a objecté les difficultés que le ministère public et nos tribunaux éprouveraient à connaître les lois étrangères. Cette objection est peu sérieuse quand on réfléchit que chaque jour, en matière civile, nos tribunaux sont tenus d'appliquer les lois étrangères, notamment pour apprécier la capacité des étrangers, la forme des actes passés en pays étranger, l'attribution des successions mobilières provenant d'étrangers.

2° *Qu'il n'ait pas été jugé définitivement dans ledit pays.* — Même condition exigée pour la poursuite des crimes.

3° *Que la poursuite soit intentée à la requête du ministère public.*

Le droit de poursuite est abandonné au pouvoir discrétionnaire du magistrat, qui devra apprécier si le fait est assez grave, s'il a pu causer en France un trouble nécessitant la répression.

4° *Que cette poursuite soit précédée d'une*

plainte de la partie offensée ou d'une dénoncia-
tion officielle à l'autorité française par l'autorité
du pays où le délit a été commis.

La citation directe, qui est de droit commun
en matière correctionnelle, a été supprimée
quand le délit a été commis à l'étranger, parce
qu'on a craint qu'elle ne devînt un moyen d'inti-
midation frauduleuse.

La dénonciation étrangère est soumise, comme
la demande d'extradition, aux voies diplomatiques.

5° *Que l'inculpé soit de retour en France.*

III. — Devant quelle cour ou devant quel tribunal sera renvoyé le Français accusé d'un crime
ou prévenu d'un délit commis hors du territoire? L'article 6 détermine la juridiction compétente.

En principe, la poursuite est intentée à la requête du ministère public, soit du lieu du crime
ou du délit, soit du lieu de la résidence du prévenu, soit du lieu de la capture (art. 23, 63 Code
d'inst. crim.), et, dans les cas ordinaires, c'est
le parquet du lieu du délit et le tribunal de ce
lieu qui sont chargés de la poursuite et du jugement.

Cependant, le prévenu pouvant être trouvé loin des frontières du pays où le fait a été commis, et la bonne administration de la justice pouvant être intéressée à ce que la poursuite s'exerce près du pays qui a été le théâtre de l'infraction, vu que l'instruction sera plus rapide, moins dispendieuse, la langue et les mœurs du pays plus facilement compris, la Cour de cassation peut, sur la demande du ministère public ou des parties, renvoyer la connaissance de l'affaire devant une cour ou un tribunal plus voisin du lieu du crime ou du délit. Les formes de la procédure, pour l'examen et le jugement, seront celles indiquées par la législation française.

IV. — L'article 7 est relatif aux crimes contre la chose publique ; il consacre une disposition déjà introduite dans le Code de 1808 et punit l'étranger qui, hors de France, a contrefait la monnaie française ou les billets de banque autorisés par la loi française. Par une exception que justifie la gravité du préjudice résultant de ce genre de crimes, l'étranger n'est plus protégé par son extranéité, ni par le caractère du statut territorial. Il sera poursuivi conformément aux articles 75 à 101, 132, 133 et 139 du Code pénal, pourvu qu'il soit arrêté en France ou que le gouvernement obtienne son extradition. — Cette condition, nous l'avons déjà observé, n'est pas requise à l'égard du Français prévenu des mêmes crimes; il peut être jugé par contumace (art. 5).

V. — La modification de l'article 187 ne porte pas exclusivement sur les délits commis hors du territoire; elle s'applique à tous les délits en général, même commis sur le territoire national.

Quand un jugement correctionnel est rendu par défaut, le condamné a cinq jours, à partir de la signification du jugement, pour faire opposition à l'exécution de ce jugement (V. page 211).

Si le jugement n'a pas été signifié, le délai d'opposition est de cinq ans, délai de la prescription de la peine (art. 686).

Or il arrive fréquemment que le condamné n'est pas rencontré à son domicile lors de la signification du jugement, dont copie est, en ce cas, portée au parquet ou à la mairie. D'après la rigueur de l'ancien article 187, l'ignorance et la bonne foi du condamné n'empêchaient pas la condamnation de devenir définitive après l'expiration des cinq jours. Le nouvel article 187, par une disposition plus douce, assimile l'ignorance à l'absence de signification. Si la signification n'a pas été faite à personne, ou s'il ne résulte pas d'actes d'exécution du jugement que le prévenu en a eu connaissance, l'opposition sera recevable jusqu'à l'expiration du délai de la prescription de la peine, c'est-à-dire pendant cinq ans.

VI.— RÉPRESSION DES DÉLITS ET CONTRAVENTIONS COMMIS SUR LES TERRITOIRES LIMITROPHES DE LA FRANCE, EN MATIÈRE FORESTIÈRE, RURALE, ETC.

L'article 2 autorise la poursuite de tout Français coupable, sur le territoire de l'un des États limitrophes, de délits et contraventions en matière forestière, rurale, de pêche ou de contributions indirectes, pourvu que cet État autorise la poursuite de ses regnicoles pour les mêmes faits commis en France. Ces faits ne sont pas sanctionnés par l'article 5, parce qu'ils contreviennent seulement à la loi étrangère et que c'est cette loi étrangère que la France s'engage à faire observer.

La réciprocité est constatée, soit par un traité

diplomatique, soit par un décret inséré au *Bulletin des lois* et déclarant que la législation étrangère punit les mêmes infractions commises en France.

EXPOSÉ

DE

DROIT PÉNAL

ET

D'INSTRUCTION CRIMINELLE

PAR

TH. RICHARD MAISONNEUVE

DOCTEUR EN DROIT,
AVOCAT A LA COUR IMPÉRIALE DE PARIS.

DEUXIÈME ÉDITION

Revue, augmentée, mise en rapport avec les lois nouvelles,

ET SUIVIE

D'UN QUESTIONNAIRE GÉNÉRAL.

> . . . Prima est hæc ultio quod, se
> Judice, nemo nocens absolvitur.
> JUVÉNAL, sat. XIII, v. 2 et 3.

**Cet ouvrage comprend toutes les matières exigées
pour le second examen de droit.**

PARIS

AUGUSTE DURAND, LIBRAIRE-ÉDITEUR,

RUE DES GRÈS, 7.

1865